JN091020

「届けたい教育」をみんなに

続 学校に作業療法を

仲間知穂
こどもセンター
ゆいまわる 編著

Chiho Nakama
YUIMAWARU

クリエイツかもがわ
CREATES KAMOGAWA

Prologue　はじめに

本書『届けたい教育をみんなに』が、みなさまの手に届くことを心よりうれしく思います。２０１８年に発行された『学校に作業療法を』の続編として、さらなる深化と展開を図る一冊となっています。

私の物語は、息子の学校生活に携わる中で生まれました。息子が通う学校の地域を変えればいいという思いから、沖縄の多くの学校で作業療法のモデルづくりに貢献できると知り、この道を歩み始めました。重版３刷となった『学校に作業療法を』が多くの方々に渡った喜びは、言葉にはできないほどです。

２０２０年、沖縄県南風原町のすべての教育機関との連携が可能となり、「届けたい教育を叶える子育て・保育・教育」が市町村委託事業として成長しました。そして、他の３市町村にまで広がりを見せ、私たちの想いが形を変えていきました。

「届けたい教育」に焦点を当てた取り組みによって、どのような日々が実現可能か、私たちは各ケースを通じて学校、家庭、地域、そして、私たちは作業療法士と共に学びを深めてきました。その結果は多岐にわたりました。多様な子どもたちが一緒に生活することで、これまでにない教育が実現しました。安心して協働する親と先生、そして自らの学びに参加する子どもたちが、さまざまな形で現れました。それがどれほど人々の生活を健やかで幸せなものに変えたのか、その答えは私たち作業療法士が示すものではなく、クライアントに聞き、彼らから学ぶものであると強く感じています。

今回、教育長が語る作業療法の評価には、３つの要素が挙げられました。それは、１）社会につながる教育の実現、２）教員一人が抱えない学級づくり、３）教員が健康であることの重要性です。これらは、私たちの取り組みを通して実現された実りであり、一人ひとりの子どもたちや教員が感じる問題、願いを形にしていく手助けとなりました。

子どもたち、教員たち、そしてすべての関わる人々が「届けたい教育」を受け取り、学校という空間が本当に望む教育が届く場所となるよう、この技術がこれからも貢献していくことを願います。

これからも学び、そして共に歩んでいきます。

２０２３年10月

仲間知穂

＊本書に登場する子どもたちはすべて仮名です。

CONTENTS

Prologue　こどもセンターゆいまわる代表　仲間知穂　003

Part 1　届けたい教育をみんなに――実践事例から　011

1　子どもたちは必ず元気に育つ　012

CASE1　僕も本当はみんなと一緒にやりたいんだ　……葵人さん　仲間知穂　012

CASE2　釣りは僕にとっての学校に行く理由　……創さん　久志直子　023

CASE3　ぼくにとっての「できる」探し　……望さん　上前奨伍　033

2　届けたい教育って何だろう――作業って何だろう――　仲間知穂　041

1　届けたい教育は、本人と先生と保護者ができるようになりたいこと　041

2　届けたい教育ができることの意義　047

3　届けたい教育は変化し続けるプロセスを築く　054

3　届けたい教育を中心に考える学校アプローチ――学級経営コンサルテーション――　仲間知穂　062

1　学校と家庭の協働的なチームをつくる　062

2　学級経営を考える　068

Part 2 「届けたい教育」を理解する

仲間知穂 077

1 日本の教育文化から「届けたい教育」を理解する 078

「届けたい教育」は探究し続けるものである／日本の教育文化とは／子どもは教育の目的を知っているのか／家庭と学校は教育の目的を共有しているのか

2 先生の教育の目的を理解する 088

対話を通して理解する教育の目的／問題行動のラベリングによる影響／「届けたい教育」にこだわる

3 専門家の立場から気をつけること 092

チームメンバーの不安定さへの対応／機能の向上は「届けたい教育」を見失いやすい

4 「届けたい教育」のためのチームづくり 101

学校の現状と専門家の関わり／学校でのチームアプローチの実際／作業療法士が入るチームへの効果　SSWの立場から　金城 愛 106

COLUMN●母親の語り直しに寄り添った関わり　嶺井裕子 095

COLUMN●緊張しやすい僕でもできる面談を考えて　小谷和樹 099

Part 3 「届けたい教育」をデザインする …… 仲間知穂 111

1 チーム会議って何だろう 112
チーム会議の目的とプロセス／チーム会議は対話（ダイアログ）の場／チーム会議のはじめ方／語りにくさへの配慮

2 チームの目標を決める 129
対話を通した届けたい教育の探究／目標の優先順位を決める

3 みんなでプランをデザインする 138
作業ストーリーとして理解するための情報共有／めざす成果を明確にする

4 目標までの道のりをガイドする 145
マイルストーンをつくる（目標達成スケーリングガイド）／リスクマネージメント

5 卒業を描く 152
子ども力と環境と作業は変化していく／未来の生活も描く／未来の生活をデザインするポイント

Part 4 「届けたい教育」の実現〈実践〉 …… 仲間知穂 159

1 保育園での実践 ……一樹さん 160

2 小学校での実践……良太さん 170
3 中学校での実践……彩さん 179

Part 5 社会問題と向き合う

仲間知穂 189
1 学校と家庭の連携が難しいケース 190
学校と家庭の連携／希望で連携することの重要性
2 子どもの貧困問題 194
子どもの貧困問題と子どもの教育環境／子どもの教育の機会を保障する
3 登校不安（不登校） 200
なぜ学校に行くのだろうか／不登校の現状と子どもへの影響／学校と家庭の関係性の構築／その子の学校生活を叶えるための情報収集／習慣・役割への対応／学校と家庭の負担
4 発達障がいと学校生活 221
対談1 発達性協調運動症（DCD）と学校生活 東恩納拓也＋久志直子 221
対談2 感覚過敏と学校生活 髙橋香代子＋上前奨伍 226
対談3 学習障害と学校生活 丹葉寛之＋仲間知穂 232

COLUMN ●僕が感じてきた世界と社会のつながり　高校3年生　楓真　217

Part 6 まちづくり――まちの健康を考える

仲間知穂　239

1 人の幸せや、健康を取り扱うことの責任　240
幸せは誰が決めるのか／自分の子育てで学んだ「大丈夫」の曖昧さ／人の幸せをデザインする指標としての「作業」

2 まちのニーズとは何か　243

3 まちOTとしての学校作業療法　仲間知穂　金城　愛　246
地域の文化として育ったまちOT／まちOTのとしての学校作業療法の流れ／学級経営コンサルテーションで求められる視点

4 親子が元気になる子育て　中原あすか　大城千秋　256
親子通園（ゆうなえん）への思い／ゆうなえんの取り組み／地域への影響

5 共創のまちづくり　宮崎宏興　仲間知穂　264
実践を通した言葉をつくる／現場の文化と言葉を学ぶ／まちのニーズに合わせた事業計画を立てる／現場のやりたいことを形にする／まちの事業のつくりかた

6　教育長との対談「教育現場と作業療法士の連携の現状と今後の展望」　金城郡浩　仲間知穂　272
Epilogue　これからのゆいまわる「届けたい教育をみんなに」　仲間知穂　278

Part 1

届けたい教育をみんなに

――実践事例から

Chapter 1

子どもたちは必ず元気に育つ

―実践事例から―

仲間知穂、久志直子、上前奨伍

CASE 1

僕も本当はみんなと一緒にやりたいんだ

葵人さん（幼稚園から小学1年生）

仲間知穂

1 葵人さんとの出会い

葵人さんと出会ったのは彼が幼稚園の年長の9月でした。その頃の葵人さんは教室ではなく図書室で過ごしていました。私が初めて様子を見に行った時も、そこに葵人さんはいました。一人の男の子が図書室に入ってきて、葵人さんのそばにいた支援員の先生に「ダンボール使っていい？」と聞きました。すると葵人さんがその会話が終わる前に「お前にあげるダンボールはねえんだよ！　出て行け!!」と叫びました。質問に来た男の子はびっくりして立ち尽くしています。すると葵人さんは手に持っていた自分で作ったダンボールの剣を振りかざし、その男の子に向かっていきました。先生は急いで止めに入っていました。

当時の葵人さんは少しでも友達の行動が目に入ったり、声が聞こえるだけで、パッと何かに迫られるかのように反応し、大半は殴りかかり怒鳴り散らしました。近づくだけでも反応してしまうこともあり、刺激が少ない図書室の一番奥で、支援員の先生と過ごすことしか当時はできなかったのです。

私が彼に近づくと横目でチラチラ見ていました。私はなるべく刺激を与えないように、立って図書室の本を読みながら彼の様子を観察することにしました。私が環境に馴染んだ頃、葵人さんが「はいどうぞ」と椅子を差し出してくれました。

「僕ね、剣と銃を作ってるんだ」と、私に自分の作品を紹介し始めた葵人さんは、笑顔で目はキラキラ輝き穏やかでした。しばらく制作に集中して過ごすと、一瞬の平穏を取り戻し、先ほどの男の子が再び図書室にダンボールを取りにきた時には「おい、これ使っていいよ」と自分の剣を渡しに行きました。おお、すごいなと思った束の間、相手が「ありがとう」と受け取り出て行こうとする姿に感情が高まってしまったようで、再びその男の子をはがいじめにしてしまいました。

私は彼がコントロールできない刺激と感情の間で、本当はみんなと一緒に過ごす中で認められたいと願っている、優しい男の子であることをやりとりで理解しました。

2 葵人さんの心の声と先生、お母さんの望み

初めて面談した時のお母さんは、ひたすら他児への暴力の不安、家でできていることが、園ではまったくできないことが不思議であること、これから先、この子はどうなってしまうのだろうという不安に前が見えないようでした。息子さんのことが大好きで守りたいと願いつつ、先生や他児に迷惑をかけてしまうことへの責任を強く感じていました。

幼稚園の先生は、葵人さんに何もできない不甲斐なさと、友達と交流させてみようとチャレンジするたびに他児への暴力や暴言につながり、かえって友達との関係を壊してしまうことへの不安を訴えました。実際、多くの子どもたちが葵人さんに近づくことさえためらい、叩かれた子どもたちは親に相談し、その保護者は園に相談にもきていました。先生たちもよく叩かれたりつねられたりしていましたが、当時の先生たちは本当に素敵な方々で、そんな中でも葵人さんに見え隠れする可愛さと優しさに希望をもっていました。「どうにか葵人さんの素敵なところが友達との輪の中でも発揮できるようにしたい」そう強く願っていました。

葵人さんは図書室を出るとうまくいかないことが多い一方で、「いまみんなエイサーやってるの？　遊んでるの？」と質問も多く、常に図書室の中から外の様子をうかがい、みんなのことを気にしているようでした。

保護者も先生も本人も、うまくいかない日々に悩みつつも気持ちは一つでした。目標は小学校の間に家族や友達と助け合い、楽しく生活できるようになること。そのために幼稚園で届けたい教育は次のこととなりました。

〔先生との関わり〕 先生と一緒に気持ちの整理ができる。
〔友達との関わり〕 クラスの活動を通して友達との関わりを楽しめるようになる。
〔集団活動の参加〕 見通しをもって参加し、先生と決めたルールを意識していくことができる。

3 幼稚園の届けたい教育の実現と葵人さんの成長

葵人さんは視覚・聴覚・触覚共に過敏さがあり、すべての刺激が過剰に入ってしまうところがありました。そのことが常に感情を高ぶらせ、情緒を不安定にさせ、少しでも強い刺激（葵人さんにとって感情に触れる出来事）があると、コントロールできる感情の閾値を一気に超えてしまうところがありました。

さらに小さい頃からこのような状態だったため、遊びや人との関わりなどの経験を積むこともできていませんん。そのことは、さらに感情コントロールを難しくしました。一方でスピリチュアルは優しく、うまくいかないことに不安をもっていたため、結果的に失敗ばかりの日々に自尊心をすり減らしていました。

私たちチームは、この葵人さんの思いと彼がうまくできない理由をシェアしました。そして刺激が少ないところでゆっくりと経験値を積むことから始めることとなりました。そのために取り組んだことは、次のようなことです。

① 刺激が少なく穏やかになれる環境で、自分の気持ちを先生に伝えられる機会をつくる。
② 先生に気持ちを代弁してもらうことで、自分の気持ちに葵人さん自身が気づいて学ぶ機会をつくる。
③ 活動の開始前にゴールの見通しや約束を交わし、終わった後にどこがうまくいったのか振り返りを行う（うまくいったことを数えることがポイント）。
④ 活動の終わりに再度興奮の波が来るため、次の活動を決めておき、穏やかなゴールが向かえられる経験を積む。
⑤ 葵人さんが頑張ったことをシールで見える化して経験の足跡をつくる。
⑥「死ね」「殺せ」などの暴言は、その場で「びっくりしたんだね」「一緒にやりたかったんだね」と置き換えて、葵人さんに感情表現の言葉を覚えてもらう。
⑦ 気持ちが高ぶって何か起こしてしまった時には、行動は止めても瞬時に口頭で注意はせず、6秒間空けてからゆっくりと話す（暴力は見ている先生の気持ちも不安にさせてしまうため、瞬時に注意すると言葉に感情がこもります。止められた葵人さんも同様に、注意されると感じてその瞬間は不安が高まっています。そのため互いの気持ちを落ち着かせるため、心で6秒カウントしてから言葉に出すようにしました）。

これだけたくさんの関わりが必要だと感じたのは、介入時期が9月だったからでもありました。小学校に行けば刺激はもっと増えるため、急いで葵人さんと取り組む必要がありました。

葵人さんはすぐに私たちの想いに応えてくれました。10月には活動の振り返りができるようになり、できたことを喜べるようになりました。友達とは図書室であれば遊べるようになり、たくさんの友達が葵人さんに会いにきてくれるようになりました。友達とのやりとりについて、担任の先生やお母さんに「僕は嫌われたのかな?」と心配になったことを話せるようになりました。

年明けには徐々に自分のクラスに足を運べるようになりました。まず穏やかに交流可能な制作活動から始め、最終的には刺激の多い遊ぶ時間もみんなといられるようになりました。まだ一緒に遊ぶと言うより、みんながいる中で自分の遊びをするような状況でしたが、葵人さんは徐々に表情が豊かになっていきました。

2月、葵人さんから先生に相談がありました。「僕もクラスの帰りの会に参加してみたいんだ。でも自信がないんだ。だからさ、教室の一番後ろでそっと参加してもいいかな」この提案を聞いた時は、みんなで泣いてしまいました。葵人さんは身体が小さな男の子でした。この小さな身体で一生懸命考えているんだと、先生

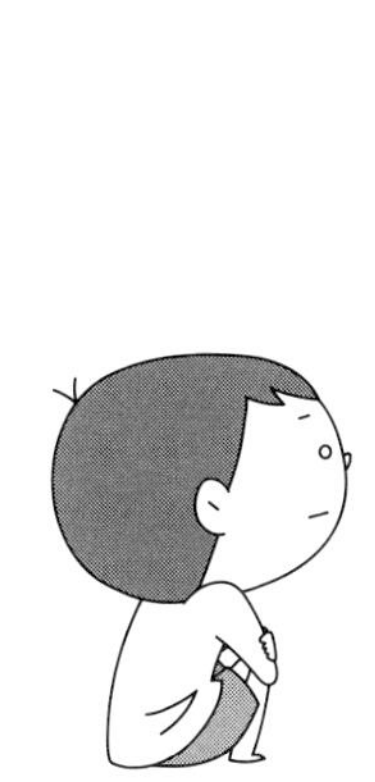

も本当に彼が愛おしいと話していました。この時期、家庭でも葵人さんはお母さんにさまざまなことを相談し始めていました。僕には友達ができるかな。僕がダメだから友達ができないんだよね。お母さんを困らしてごめんね……。どの相談も大人が聞いていて、心が締めつけられるようなものばかりでした。

4 小学校への準備

葵人さんは、自分がみんなに迷惑をかけていることに不安を抱き始めていました。さらに友達と一緒にいたい気持ちが増していく一方で、実際には失敗ばかりの毎日は、友達ができない不安にもつながっていました。

勉強については、知的理解が早くひらがなも覚えることができました。しかし、文具操作など物を扱うことに過剰な努力を必要とする状況であり、授業の参加はストレスになるリスクがありました。

お母さんと一緒に小学校に何度も説明に行き、刺激の量によって本人が衝動的な行動をしてしまうこと、その行動での失敗は本人の心も傷つけてしまうこと、葵人さんは友達と一緒に頑張りたいと思っていることを伝えました。小学校にはすでにゆいまわるの訪問が馴染んでおり、その声を真摯に受け取ってくれたことは本当にありがたかったと思います。

さらに小学校に上がれば刺激も強く、3年生まではさまざまな難しさに向き合うことになり、その間に葵人さんの自尊心が壊れないようにすることが最優先であることをチームで共有し、小学校の準備を整えました。

5 1年生はとにかく学校と家庭の絆を切らないことに必死だった

小学校に上がるとやはり刺激には勝てず、登校の時点で大暴れでした。机に登り机から机にジャンプして、友達を叩いて回りました。登校時間をずらし、刺激の処理が限界を迎える前に（3校時まで）帰ることとなりました。まずは慣れることが重要だと調整を試みました。

しかし、支援学級の先生は他の児童や保護者の対応に追われ疲れてしまい、葵人さんと向き合うことはできずにいたようでした。その様子に児童デイがしびれを切らし、学校に指導を始め、学校と家庭の関係性に大きくひびが入りました。学校作業療法ではよく目にする光景でしたので、校長先生と面談をして現場の共有と、いまは葵人さんと担任の先生の努力でどうにかできる状況ではないこと、一つひとつ丁寧に経験を積むしか方法はないことを伝えました。

葵人さんには腕利きの相談支援専門員さんがついていましたので、相談員さんと連携し児童デイサービスの学校の出入りを控えてもらうこととしました。校長先生と教頭先生もサポートに入り、担任の先生の健康を守りつつ、葵人さんが排除されないように居場所をあちこちにつくってくれました。

1年生の時期は本当に大変だったと感じます。結果的に運動会などすべての行事は欠席となり、学校にいる時間は週に3日午前中だけでした。

子どもはその人格と能力を最大限に発達させるために必要な学習をする権利を有しています（憲法13条、26条、子どもの権利条約6条、29条1項）。

葵人さんの能力と、学校の環境と、届けたい教育すべてがうまく噛み合うために、作業療法士（OT）として学びの1年でした。

6 紫陽花のイラストがみんなに希望を与える

春休みに開催した勉強会には、交流学級（2年1組）の先生、支援学級の先生、支援員の先生、新しく赴任された校長先生、教頭先生も参加してくださり、開始時から葵人さんを支えるチームのムードは素敵でした。

そして2年生がスタートして、私たちチームは葵人さんの変化を感じ始めます。苦しかった1年生の経験は無駄ではなかったのです。葵人さんはあれだけ気持ちをぶつけてもなお、笑顔で迎え入れようとする学校に応えようとしているようでもありました。

葵人さんは1組で友達と過ごしたいと自分のニーズを先生や親に伝えるようになりました。そして「どうしたら1組で過ごせるのか」という問いに葵人さんは向き合えるようになり、ルールを意識して行動し始め、先生たちの促しや応援が葵人さんの心にすぐ届くようになっていきました。

その月のチーム会議で私たちは新たな目標（届けたい教育）を決めました。

〔スケジュール〕休み時間と授業時間を意識して、その時間で求められていることを行うことができる。
〔授業〕先生と決めた授業課題に取り組むことができる。
〔給食〕ルールを意識して、楽しく友達と食事をすることができる。

この目標を立案したとき、私たちチームにはルールを意識し、友達と一緒に活動に参加していける葵人さんの未来がはっきりと見えていました。

5月、葵人さんは1組で図工の授業を受けていました。紫陽花のイラストを通して水彩画を学ぶ授業でした。彼は時々身体を震わせ刺激と格闘しながら描き続け、出来上がった瞬間、パッと立ち上がり先生に見せに行きました。まだ絵の具が乾いていない紫陽花のイラストはもち歩いたことでインクが垂れてしまいましたが、葵人さんは乾くことが待てなかったのです。「見て！」その声には「見て、僕は先生の期待に応えたよ。頑張ったんだよ。そしてできたんだ」という心の声が漏れていました。廊下で見ていた私のほうまで見せにきてくれた葵人さんは、まんべんの笑顔でした。

7 連鎖していく学校の作業

2年生の夏休みまでには毎日、午後の授業まで参加できるようになっていました。去年、断念した運動会も、しっかりクラスの中で参加しました。遠足もプールも、次々にみんなとできることが増え、気づけば当たり前に学校に通えるようになっていました。

校外学習のバスの乗り方練習の授業を見に行ったとき、説明ビデオをみんなと見ていた葵人さんは私に気づきパッと立ち上がります。しかし、すぐに両手をギュッと握りしめてゆっくりと座りました。飛び出したり、勝手な行動をしたりする自分を制御しているのは彼自身でした。

「ではみんなでバスに乗ってみましょう」バス会社の指導係の方が全体に指示すると、子どもたちは興奮して浮足立ちました。葵人さんも駆け出しそうにぴょんぴょんジャンプをし始めました。「ああ、もう限界だな」と見ている私も感じたとき、葵人さんが両手を広げて何かを探し始めました。するとスーッと2人の友達が近づき、彼の両手を握りしめてくれました。「手をつないでいくんだね」と3人に話しかけると、その友達が「葵人はドキドキしちゃうんだ。でも手をつないだら大丈夫なんだよ」と教えてくれました。そうか、これはこのクラスに当たり前にある作業なんだと、彼らの背中を見て理解し、同時にここではもう、専門家の介入の必要性が少なくなっていることを知りました。

感覚の調整はきっと4年生頃までは難しいと私たちチームは理解しています。しかし、それでも葵人さんに教育は届いていくと、先生たちも、校長先生も、保護者も確信しています。「さて、次に叶えることは何にしようか」これがいまのチーム会議の会話の中心です。

葵人さんは暴言、暴力、勝手な行動など、問題をどう解決するのかということに悩まされやすいお子さんでした。もしあのとき、彼の行動を「解決すべき問題」として捉えていたら、先生も友達も親でさえも、彼を問題行動をする子として向き合っていたでしょう。小さな身体で「僕もクラスの帰りの会に参加してみたい」「困らせてごめんね」と呟いた、小さな彼の心の声は、そんな環境で消えずに育てることができたでしょうか。

いつも作業療法は結果からしか物事を考えることはできません。人の作業ストーリーはオンリーワンだからです。しかし少なくとも、こうした子どもたちの育ちを目の当たりにして思うのです。届けたい教育に目を向けることを信じてほしいと熱望します。

CASE 2

釣りは僕にとっての学校に行く理由

創さん（小学2年生）

久志直子

1 創さんとの出会い

創さんとの出会いは小学2年生の7月。彼は教室に入る直前、借りた本を頭に乗せ大きく深呼吸をして入っていきました。授業が始まると、創さんは何度も頭を上下に動かしながら、両肩をグッとあげ力強く字を書き、先生の話を聞き逃すまいと必死で、その姿から、座学は彼にとってはかなり苦しいことであるとわかりました。それでも創さんの最後までやり通す姿勢は、先生の期待に応えたいという彼の気持ちの現れでした。

ある日、算数の授業中、先生から習った計算方法で解いた宿題について、みんなの前で違うと言われました。このことはギリギリで頑張り続けていた創さんを混乱させ、彼は学校が怖くなり登校を渋るようになりました。

周囲はこのような創さんの気持ちを理解できず、登

校するように背中を押し続け、その結果、学校から帰ると「なんで学校に行かせるんだ」とお母さんを叩きながら怒りをぶつけ、最終的には学校に行けなくなってしまいました。お母さんもこのまま背中を押し続けていいのか迷い始めました。

当時、このような状況の学校と家庭との間で、創さんに対し温度差がありました。担任の先生は、学校では友達関係も学習面も問題を感じないと話し、登校すると頑張れてしまう創さんを【やればできる子】と捉え、学校に来ないのは家庭の問題なのではないかと感じていました。

お母さんは何度も学校に相談に行きましたが、期待する対応はしてもらえず、徐々に不安が高まり、お母さんは「行きしぶりは学校の問題だ」と校長室や教育委員会などに出向くようになりました。

2 先生の届けたい教育とお母さんの思い

創さんの状況を家庭の問題と捉えていた学校は、専門家が学校に介入することには消極的でしたので、校長先生を含めた関係者に対し、目的を丁寧に伝える必要がありました。こうして始まった学校作業療法の関わりは、まず、学校と家庭を個別に対応しながら、両者のニーズや状況に合わせて入っていくこととなりました。

先生は、創さんが学校生活に安心し、友達と楽しく交流できることを望んでいました。保護者と先生のそれぞれの希望からできあがった届けたい教育は次の通りです。

〔**登校**〕学校に登校し、安心できる居場所にまた来たいと感じることができる。
〔**授業**〕教室または安心できる環境で期待されている活動に取り組み、認められる経験ができる。
〔**友達**〕友達と楽しい経験を共有することでつながり、学校で友達と遊びたいと感じることができる。

お母さんとの面談では、創さんの困り感の理由を共有しました。お母さんは理由を聞き、いまは登校や学習を無理強いせず、創さんが学校で安心して過ごせることや友達と交流できることが大切だと考えるようになりました。

3 創さんのうまくできること、うまくできないこと

創さんは、活動の見通しをもつことが苦手でした。そのため、「自分にできることなのか」「できないことなのか」予測して参加することができず、「できなかったらどうしよう」という不安を強く感じていました。目や手の動きに非効率な動きが多く見られ、さらに手先の不器用さと両手の協調運動の困難さがあり、消しゴムをうまく扱えず、文字は歪んで枠からはみ出し、人の何倍も努力して友達と同じように課題をする必要がありました。

それに加え、目の動きが拙劣で目の前で起こっていることを目で追いきれないため、活動がとぎれてしまい文脈を学ぶ経験が乏しく、相手の意図や活動を読み取るのに苦手さを感じていました。

創さんは友達が大好きで、周りの気持ちにも応えたいと人一倍頑張っていました。だからこそうまくできない現実に自信を失い、心は壊れていきました。

このような状況から創さんに届けたい教育をうまく行うためのポイントは

①課題や授業内容を「できる!」と創さんが想定できること。
②活動や友達との関わりで楽しいと思えること。
③できることに選択肢を与えることで、安心を保障すること。
（例：しんどくなったら保健室に行ってもいいし、友達と掃除だけしてもいいよ）
④約束したことと現実に行うことに相違がないようにすること。
⑤見通しがもてるまで、具体的に（場所や人、時間）伝えていく必要があること。

であり、創さんができずに困っていることと一緒にチームで共有し、私たちは次のような取り組みから始まることとなりました。

- 居場所づくり：クラスの他に教育支援教室（相談室）を居場所として提案し、創さんが自分で居場所を選択する（安心できる居場所づくり）。
- 授業：授業内容や学校行事の時の本人の役割など、具体的に事前に伝える（活動への見通し）。
- 給食：創さんが安心できる特定の友達に給食を運んでもらう（友達との接点づくり）。

チーム会議で立案した作戦は、担任の先生からお母さんに連絡しました。その先生からの電話はお母さんに創さんの学校での過ごし方に見通しを与え、お母さんはやっと安心することができました。

これまで創さん中心に動いてきたお母さんの作業バランスを整えることも重要でした。週に2、3回程度創さんと私との外出は、創さんがやりたいことを探究する機会であり、お母さんが自分の時間を確保できる機会にもなりました。

4 創さんと釣り（やりたいことへのチャレンジ）

毎日の学校生活に不安を感じ、何をしてもうまくいかないと前が見えなくなっていた創さんには、まずはできる活動で「できた！」「もっとやりたい！」という心のエネルギーが必要でした。そのための作業を学校の中から探すことが難しいことは、学校を嫌がる彼の姿からすぐに判断できました。

しかし、校外活動となると学校側は創さんと距離を感じてしまうリスクもありました。そこで、学校との会議をもち校外活動であってもまずは創さんが「やれる」と思えることが重要であり、そこからできた！もっとやりたい！という興味・関心や、有能感が学校生活の架け橋になること、届けたい教育は、その土台の上にあることを伝えました。学校は「創さんがしていることをもっと教えて」と興味をもち、校外活動を応援してくれることとなりました。

創さんが一番はじめに興味をもったことが釣りでした。

私もびっくりしたことは、創さんが釣竿を夢中で手作りしたことでした。自分が安心してできる作業には、こんなに没頭し試行錯誤できるのだと目の当たりにし、私はこれが彼の社会とつながる原動力だと確信しました。

何度か釣りを楽しんだある日、創さんが「魚をクラスのみんなにプレゼントするんだ！」と話しました。

彼は友達のために魚を釣りたいと思うようになっていました。

創さんからクラスの友達に見せに行きたいと相談があったとき、チーム会議で、釣りのことを共有していた先生も喜んで承諾してくれました。

当日になり、急に不安になった創さんが「やっぱ行かない」と言い出すハプニングもありましたが、私たちはチームで連携できていたため、「先生が見せにきてと言ってたよ」と伝えることで、『僕が見せに行く』という作業の意味を『先生にお願いされたので見せに行く』に変換し、心の負担を軽くすることで遂行できるよう助けました。

創さんの表情は一変、目を輝かせすぐに準備を済ませ学校に出発しました。

5 クラスで魚を飼おう

到着してすぐに声をかけてくれたのは校長先生でした。創さんが釣ってきた魚に興味津々の校長先生は「教室で飼ったらいいじゃない！」と話してくれたのです。その言葉に創さんは、急いで教室に向かいました。「校長先生が教室で飼っていいって！　後ろで飼いたい！」と伝え、創さんの釣ってきた魚は教室で飼われることになりました。

翌日から、創さんは忙しくなりました。毎朝2ℓのペットボトル2本に海水をくんでから登校し、水槽の水を変えることと週に1回の掃除が日課になったからです。水槽の掃除をしながら、次第に授業中の学習課題にボソボソ答えたり、教室の隅で授業を聞く姿が見られるようになりました。

魚の飼育（役割）は創さんに胸を張って教室にいられる理由を与え、そのことでつながった創さんとクラスは、魚の飼育以外の作業にも連鎖していきました。

そんなある日、水槽の掃除をしている時に魚に触ろうとした友達に創さんは「触らないで」と大きな声をあげました。魚は長時間触ると弱り、人間の体温で火傷し死んでしまうのです。しかし、友達はそのことを知りません。何度言っても触ろうとする友達に怒り、魚をすべて家に持って帰ってしまったのです。そこから、また学校に行かない日々が続きました。

6 やりたい活動から行く理由をつくって学校に行く

しかし、魚の飼育からクラスの生活につながった事実は、創さんのチームが希望をもつことにつながっていました。

校外活動が学校生活の実現に重要であることを知り、学校も創さんのできることにより一層、積極的に応援してくれるようになりました。

あるときには、隕石を拾ったので学校の顕微鏡で観察したいという創さんの相談を受け、教頭先生はすぐに理科室で観察できる

ように準備してくれました。こうして、徐々に創さんは学校に行く理由を自分でつくるようになっていきました。

7）安心できるチームづくり

今回の関わりにはチームづくりも重要でした。作業療法士として特に重視したことは以下の2点です。

母親の役割の安定

お母さんの生活は創さん中心で、自分の用事ができないなど生活のバランスが崩れ、母親としての役割を担うことに余裕のない状況でした。作業療法士が創さんと過ごすことで、お母さんが自分のための時間を確保し、作業バランスを整え、お母さんがお母さんとして創さんに関われることにつながりました。

多機関の関わる目的を揃える

創さんには学校関係者以外に、行政・教育委員会・委託相談員・児童デイなど多くの機関の関わりがあり、それぞれが違う目的で関わっていました。そのことは、時にお母さんを混乱させることがありました。目的がバラバラになる理由は「不登校」という問題の解決に焦点が当たり、各々が違う原因の対処になっていたからでした。その状況下で目的を揃えるのに、担任の先生と決めた目標が役立ちました。目標を軸にステップを共有することで、目標の実現のために次どうするかという前向きな発言でチームは一つになりました。

8 学校の中でやりたい活動に取り組む時期

創さんは3年生になり情緒学級に所属しました。春休みの間に、情緒学級の場所や先生の紹介、開級日など、創さんが具体的に見通しがもてるように説明会を開き、安心してスタートを切れる準備を整えました。

創さんは、登校できる日が増え、制作や虫の観察など自分のできる活動をしていました。私が学校に訪れた日、上級生とろ過装置づくりの計画を立てていました。鉛筆を握り楽しそうに話をしながらメモをとる創さんの姿がありました。創さんが学校で鉛筆を握ったのは1年ぶりのことでした。2人は職員室を訪ねたり、校内から廃材を集め、自分たちだけでろ過装置を完成させました。創さんはお母さんに、相談室での出来事や友達の話をするようになり、自分から「学校に行きたい」と話すようになりました。

その後も、相談室で学習以外の活動をするたびに学校側がその関わりを疑問視することもあり、学校と家庭の関係をつなぎ続けるために何度もチーム会議をする必要がありましたが、そのチーム会議も重ねるたびにお互いの信頼関係の構築につながっていきました。

9 友達との交流から期待される活動へ

相談室を覗いても、情緒学級を覗いても創さんの姿が見当たりません。創さんは1組で友達と一緒に掃除に参加していたのです。探すのに時間がかかるくらい、友達の中に溶け込んでいました。そして創さんは、わからないところは友達に聞きながら掃除に取り組んでいました。相談室でできる活動を友達と行い認められたことで、学校の期待される活動にも取り組むようになったのだと思います。

友達と活動を共有し楽しむことができたことで、学校生活に再び結びついた創さんは、1組で体育や理科、パソコンなどの授業に参加することを自ら選択するようになりました。

最後に

私自身、とても悩みながら関わったケースでした。創さんのように、一見学校でうまくやれている子の中には、ギリギリで頑張っている子も少なくありません。このようなお子さんのほとんどが、真面目でとても頑張り屋です。だからこそ、先生の期待に応えようと努力し頑張りすぎてしまうのだと思います。

学校に行く選択肢がもてなくなった時、学校や家庭以外の居場所があることは本人や家族にとって安心の基地になります。そして、学校外でできた経験を積むことは、次に学校の中でできる活動をするための自信につながります。学校で本人ができる活動で認められるステップが、再び学校に結びつくために重要なのだと学びました。

CASE 3

ぼくにとっての「できる」探し

望さん（小学4年生）

上前奨伍

1 望さんとの出会い〜不安と緊張の日々〜

望さんは小学4年生の男の子。彼は周囲からのプレッシャーや物音などを過敏に受け取り、さらに見通しのもてないことへの不安も強く感じてしまいます。そのことで友達や先生と関係を築くことも、学習に向き合うこともできずにおり、1年生の時から学校の環境に馴染めず休みがちな日々を送っていました。そんな望さんの状況を心配し、お母さんの依頼で2年生の冬より保育所等訪問支援による学校作業療法が開始となりました。

3年生になり登校は週1回程度、頑張りすぎると翌日から長期的に休み、そして学校に行けなくなっていきました。「こんにちは」と挨拶を交わす望さんは、こちらにも伝わるぐらい緊張感や不安感をまとっていましたが、何とか頑張って、その場にいようとする気持ちを感じました。

2 「僕がやりたいことを探してくれますか？」

「登校してほしい」これは、望さんの将来を願う、先生方や母親の切実な想いでした。

「学校に登校してもらって、望さんに対していろんな取り組みをしたい」

先生方のその想いを形にしていくために、チーム会議を行いました。

望さんが好きな畑を一緒に耕し、学習ノートや課題量を工夫していた先生からは、「学校に行くことが短時間でも継続し、習慣的になってほしい（スケジュール管理）」と聞かれました。校長先生は、むやみに望さんに関わると、かえって本人を傷つけてしまうのではないかと感じ、それが友達関係の悪影響につながることを懸念していました。「高学年になった時の友達との関係性や、学習につなげるためのいまを大切にしていきたい（友達との交流）」と話してくれました。

学校に行くことに不安を感じている望さんの気持ちを汲み取りながら、日々関わっていた母親は、「登校する時に、小走りしちゃうぐらい楽しみを感じて学校に行ってほしいです」と、学校に楽しく通えること（登下校）を願い、そして望さんのやりたいことができる経験を積んでいけるようにしたいと話しました。

それぞれの届けたい教育から、チームで目標を共有しました。

〔スケジュール管理〕 可能な範囲から、リズムよく学校の活動に継続して参加することができる。
〔友達との交流〕 先生や友達と気持ちよく交流することができる。
〔登下校〕 少しでも安心や楽しみを感じながら登校することができる。

緊張で会議には参加できなかった望さんの気持ちを聞こうと、バスケットボールをしながら会話をしていたとき、望さんは「僕がやりたいことを探してくれますか」と相談してくれました。望さんにとって「どうやって学校に行けるるか」ということよりも、もっと大切なことは、彼にとっての『作業（やりたいこと）』

を探索することだと私は初めて気づきました。

私は、望さんのような子どもたちがいろいろな経験を通して自分のやりたいことを探究し、できる自分を実感していける場が必要だと感じ、ゆいまわるで何度も話し合い、その子がその子らしくいられる場所・やりたいを叶え、没頭できる場所をつくることをコンセプトに取り組む小集団の療育（ＹＵＩラボ）をつくり、望さんに案内しました。

3 ＹＵＩラボでの経験～大切な作業の芽生え～

いよいよスタートした望さんのＹＵＩラボでは、「仲間さんはどこ?」と以前から交流があり唯一、安心できる仲間さんのそばじゃないと、いることすらままならないというスタートでした。自分のやりたいことがわからず、まずはスタッフが提案した活動に取り組んでみることから始まりました。

あるＹＵＩラボでの活動は、味噌汁づくりでした。望さんは、あらかじめ準備された食材を切り、少し混乱しながらも、スタッフと確認しながら、味噌汁を仕上げていきました。その最中「ゆいまわる、みんなの分あるかも」望さんはボソッとつぶやきました。つくるだけでも緊張と苦手な手作業に汗だくで精一杯の望さんの口から出た言葉にスタッフみんなが驚き、全員がＹＵＩラボキッチンに集まりました。スタッフと一緒に味噌汁を味わい、母親やスタッフの「美味しい！」の感想にうれしそうな表情を見せた望さん。自分でつくった料理を通して、人に喜んでもらうという、彼の初めてのやりたいことに出会い達成した日でした。

「次は何をつくろうか」と笑顔で言う望さんの様子から、もうすでに彼の中で芽生えた作業が、少しずつ大きくなり始めていることを感じました。

その後はチャーハンやクッキーなど、さまざまな料理をつくり、そしてつくった料理は必ずゆいまわるのスタッフにもてなしました。望さんにとって料理とは、〝自分が行うことを通して人が喜び、自分自身も幸せを感じられること〟となりました。お母さんにも「僕はみんなに喜ばれることが好きなのかもしれない」と語っていたようです。

4 「学校としては何をすればいいのかわからない」
～チームで取り組むための大切なこと～

ゆいまわるでは、どの取り組みも子どもの生活の場とつなぎながら行います。YUIラボの取り組みも学校と家庭と連携して決めたことでした。

現状、学校に行けていない望さんと学校をつないでおく方法として、YUIラボでの活動をメールで報告することとしていました。私はこの方法で、望さんの校外活動での成長を、学校とも共有できていると感じていました。

ある日、ゆいまわるに校長先生から電話が入りました。

「活動しているのはわかるが、学校としては何をすればいいのかわからない」

この学校側の不安の訴えは、私としてはまったくの予想外でした。これまでのことは学校側と取り決め、その方法通りに取り組んでいたと認識していたからです。自分のどこに不備があったのか、決めたことを行うだけではダメだったのか。私の中に、いろんな疑問が湧きました。

しかし、私は、大切なことを見落としていたのです。

「先生に定期的に会いに行ってる？　先生と直接話をしているかな？　いまの状況を、クライアントはどう感じているかな？」

仲間さんからの問いかけに対して、私はうまく答えることができませんでした。データを送りはしましたが、そのデータを学校側がどのように受け取ったのかを知ろうとせず、同じチームであるはずの先生方の気持ちに関心が向けられず、十分なコミュニケーションがとれていなかったのです。

学校側がクライアントとして尊重されていると感じられず、チームの一員として実感がもてず困惑してしまうのも無理はありません。その一連の出来事で私は、各クライアントのチーム内での所属感の大切さを学びました。望さんに対して直接取り組める機会がない先生にとって、ＹＵＩラボでの活動は自分ごとに感じられず、そのことがかえって不安を感じさせたのです。

また私は、目標や取り組み（介入方法）はチーム会議で決まった時点で、動かぬものとして取り扱っていました。しかし、作業療法において目標である届けたい教育は、日々の取り組みで行えたこと（doing）を通して、先生も望さんも互いの存在の認識も変化していくものです。当然、そこから次はこうしたい(becoming）も変化し続けるものなのです。作業療法士として、その認識を怠っていました。ゆいまわるでは毎月クライアントと面談することを大切にしていました。そこにはこういった変化を大切にしていく目的があったと学び直しました。

私は校長室にうかがい、学校との連携をないがしろにし、先生方とのコミュニケーションがとれていなかったことを謝罪し、校長先生は受け入れてくれました。さらに望さんへの考え、想いを語ってくれました。「また一緒にやりましょう」先生方も暖かく謝罪を受けとめてくれ、改めて今後の共有方法や目的を確認し、望さんの活動内容の共有を行っていくことになりました。

5 自分らしさをつくる作業探し ～望さんのｂｅｉｎｇの変化～

「城巡りしたいんだよね」

徐々に望さんは自分のやりたいことを語るようになっていきました。

望さんの「したい！」を実際に経験していくことを通して、何かを感じ取り、大切な作業を広げていくためにも、沖縄県内の城跡巡りを行いました。そして大切な作業探しは、城跡巡り以外にも発展しました。沖縄県最大の市場「牧志公設市場」へお出かけした時でした。牧志公設市場は那覇市に位置し、地元民や観光客で賑わい、人が多い場所です。「はー、疲れる！」あらゆる人の動きや話し声、自分の身体を十分に確保できないスペースに身体を合わせていくなど、望さんにとっては刺激が多く、居心地が悪い環境でした。しかし、市場の魚介類を目の前にすると、「これは〇〇貝だね！」「こんな貝もあるのか！」「エビでか！」などと興奮していました。そして腕組みをして眺める姿は、まるで仕込みにきている料理人にも見えたぐらいです。「この貝を買いたい。家で自分でさばいて食べたい」とお母さんにお願いし、大きい貝を購入したのでした。それは望さんらしさが垣間見えた作業でした。

ある日、お母さんから「見てほしいものがある」と私に写真を見せてくれました。その写真は、自宅の台所であの日購入した貝をさばいている姿、その貝を頬張って目を見開き、美味しいという言葉が画面上から聞こえるぐらいのいい表情をした姿が写っていました。「将来は料理人ですかね」うれしそうにお母さんはわが子の将来を語り、そこには「不安や緊張が強い望さん」ではなく、「料理を通して自分も人も喜ばせることができる望さん」がいました。

6 未知なることへの挑戦

年度が明け、お母さんとの面談で、望さんがゆいまわるの職員に会いたがっていることを教えてくれました。望さんは昨年度でＹＵＩラボを卒業しており、職員と会うのは数か月ぶりです。久しぶりにスタッフに料理（冷やし中華）をふるまうこととなりました。

スタッフ10人前の冷やし中華づくりは、大人であっても重労働です。しかし望さんにとってはスタッフの「美味しい！」という笑顔のために、自分でやり遂げる彼の作業となっていました。

そしてこの日は、10人前を作りきるという新たな「できる」を積み重ねた日となりました。

望さんは、これまで何をするにも不安や緊張に身を固

め、失敗を恐れて外に出ることができずにいました。しかしいまは、自分で作った料理を通して、人に喜んでもらうという作業を通して、新しいことを計画し、難しいことも成し遂げる経験を少しずつ積み重ねています。そしてその積み重ねが望さんらしさをつくり続けています。彼がその自分らしさに惚れ込んで社会とつながれるまで、僕はまだもう少し一緒に歩もうと思っています。

Chapter 2

届けたい教育って何だろう

―作業って何だろう―

仲間知穂

1 届けたい教育は、本人と先生と保護者ができるようになりたいこと

「届けたい教育」とは

本書での「届けたい教育」とは、保護者、先生、その子自身が、その子の生活環境で、やりたいこと、してもいいと思えること、期待したいことをいい、学校に行くための支度から習慣的な生活、学校での友達との交流や授業の参加など、あらゆる「作業」がそこに入ります。

届けたい教育ができるということは、その子がその子の生活する環境（社会）でその子の力を活かしながら、環境の力も活用しながらできることをいいます。そのことは、その子らしさをつ

くり、その社会に参加することにやりがいや価値をもち、うまくいかないことを解決していくことを支えます。それだけでなく、その子と社会をつなげ、その社会の先生や子どもたちにも影響を与え、共に生きること（共存）に意味をもたらします。

届けたい教育ができるとは何かについて、本書では事例を交えながら具体的にまとめています。

1 不安な親の気持ちを経験できて

私の息子が1歳の頃、息子は当時保育園でよく泣いていました。肘の亜脱臼も多く、対応には気をつかわないといけないことは私自身も感じていました。そしてある日、保育園から連絡が入り話し合いがしたいと呼び出され、私は一人で保育園にうかがいました。園では担任の先生と主任、園長先生が待っていて息子についての話し合いとなりました。集団の中で大泣きしてチアノーゼが出ること、そのたびに園は救急車を呼ぼうか迷うほど不安なこと、保育園は集団の場であること、個別対応が難しいことなど、保育園は大変なんだという内容が続き、最終的には「お母さんは問題の重大性をわかっていない」「怖くて預かれない」「専門的な検査を受けてほしい」ということを告げられました。

当時、子育て初心者の私としては、母親だけに全責任を叩きつけられた気持ちで、その場では何も言えなかったのを覚えています。自宅に帰ると、ただただ怒りと不安が湧き起こりました。しかし、私は作業療法士ですから息子のことを別の視点で把握することができました。さらに当時熱中していた作業科学という学問も助けとなり、その負のエネルギーは「親が安心して子育てできるようにしたい！」という行動のエネルギーに変わりました。

この保育園での衝撃的な経験は、その後の学校作業療法の立ち上げの大切な材料となり、本当にいい経験であったと思います。

2 息子の届けたい教育に出会って

沖縄では当時、保育園は年中までしかなく、そのまま幼稚園に進学するシステムになっていました。息子は幼稚園に通い始めても教室に入れず廊下にいることが多く、入れたとしても教室の後ろの水槽を眺めていて、みんなの中に入っていくことはできずにいました。

その状態に先生も私も悩んでいました。しかし担任の先生は息子の個性を尊重してくれて、焦らず対応しようと言ってくれました。そこで私たちは、息子が教室に入れない状況や、水槽の前にいて席に座らない状況について、「何に問題を感じているのか」「その行動ができるようになることで、何か叶うことを望んでいるのか」について対話の機会をもちました。

そして私たちは、息子に対して「自分のできることを通して自信をもって笑顔になれること。そして安心してクラスに参加していけること」を目標として共有し、叶えるために何を具体的に取り組んでいこうかという作戦会議をしました。

息子は登園の時から悲しそうな表情で、園についてもなかなか教室に行こうとしませんでした。まずは「楽しく登校できること」を実現したいと思い、その作業がどうしてできないのか分析を共有しました。息子は大きな教室、たくさんの子どもたちの刺激、相手の気持ちや期待、何をすれば正解なのかわからないことなど、刺激に圧倒されて行動が選べず、その結果クラスでの役割を獲得できずにいました。

先生とある作戦を立てました。

まずクラスや園内にこだわらず息子が安心して取り組める作業を探し、その作業をクラスにとっても意味があることとして共有しようとなりました。

沖縄では当時、ほとんどの子どもたちが車で送迎されていました。私の育った東京の地元では車で学校に送り迎えする文化がなかったため、徒歩で一緒に登園していました。先生はそのことはとてもすごいことだと話し、それをクラスと息子をつなぐ作業にしよう！ということになりました。


具体的には家から幼稚園までの道のりに対して、家の前、一番はじめの信号機、上り坂の手前、坂の上、幼稚園の前、幼稚園の玄関とすごろくのように描いた地図を作り、幼稚園の玄関をレベル1、幼稚園の前をレベル2、坂の上をレベル3……として、どこで母親と離れて一人で行けるかをゲームのようにクリアしていくようにしました。息子はその地図を喜び、自分でどこまで頑張るかを決められるようになりました。

さらに少しずつ園に自分一人で行けるようになっていく経過を、息子は毎日先生に地図を見せながら伝え、シールをもらいました。

「昨日より今日は少し遠くから来れたよ！」それが言いたくて、息子は一歩一歩と遠くを自分から選んでチャレンジしました。

1か月後には家の前でバイバイできるようになり、息子は「毎日、自分の足で歩いてきているで賞」をみんなの前で受賞しました。気づけば廊下で立ち往生する姿も、水槽の前にいる姿も見られなくなっていました。

私は息子のできることが増えていく姿に本当に安心しました。先生とのやりとりは、チームとして一緒に取り組んでいただいている感覚も強く、安心して楽しく子育てができたと感じました。そして息子に対するこの取り組みが、私の一番最初の学校作業療法となりました。

「どうしたら教室に入れるか」「どうして集まりに参加できないのか」という問題行動の解決ではなく、親と先生と本人（これは代弁であったが）が本当にできるようになりたいことに着目し、それを目標として共有し、その実現に向けて取り組めたこの経験は、この学校作業療法によって何が実現するのか、親の立場で学ぶ機会となりました。

子どもの日々の変化に意味を感じたこと、できる、できないではなく取り組んでいくプロセスにやりがいをもてたこと、親と先生の立場の違いを生かして協働できているという実感をもてたこと、子育てを楽しんで安心して行えるようになったこと。この経験は、その後の私の学校作業療法に影響を与えています。

作業とは

作業とは、その人にとって「やりたい」「する必要がある」「してもいい」という**意味をもって「すること（doing）」**です。生活の中にはさまざまな作業が存在しています。朝起きてやる作業、仕事としてすべき作業、自分を高めるために行う作業、家族のためにする作業。人がどんな作業に従事しているのかは人それぞれであり、そしてその作業には、その人のオンリーワンの意味をもっています。

人は時間をかけて、自分は何者であるのか、どうありたいのかといった認識を、**作業を遂行する**ことでの累積的な認識によって深め構築していきます。

私たちは自分にとって意味のある作業ができることで、生徒や母親、会社員などその社会の中の**役割**を獲得します。作業がうまくできることは安心して社会に参加することを支えています。私たちはどんな作業を選択し、遂行するかで私らしさをつくります。作業の積み重ねが生活に色をつけ、その生活の連続が自分らしく生きることにつながります。

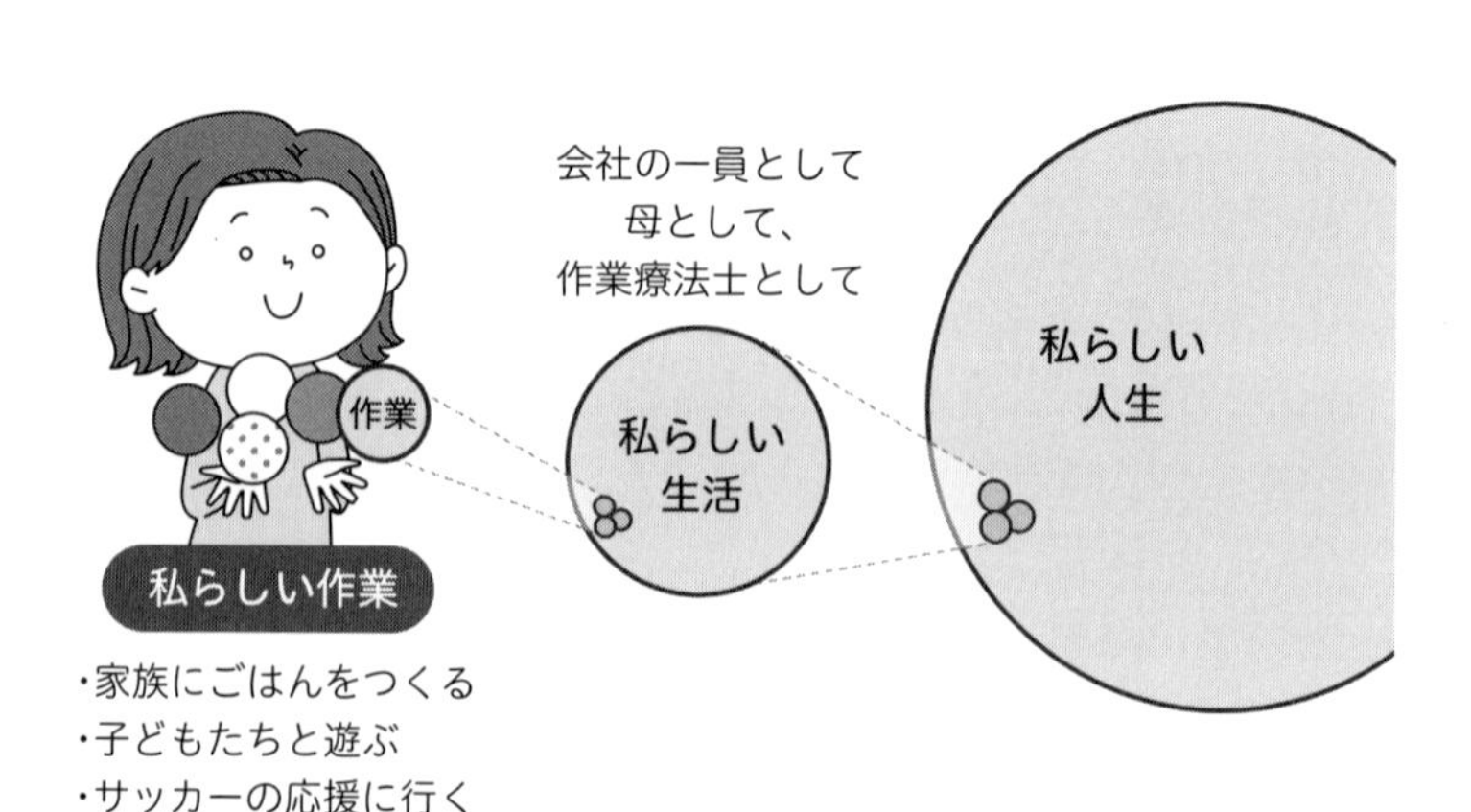

2 届けたい教育ができることの意義

届けたい教育はいまできることに意義があります。子どもたちの生活は止まることなく流れていきます。そして「いま」何をするのか（doing）によって、その子らしさも、その子の生活も、その子の社会参加も刻々と変化し、その大切な「いま」が未来につながっていくのです。

未来のための「いま」をどう生きるのかということなのです。

さて、ここでは彩月さん（幼稚園生）から、届けたい教育ができることの大切さを考えていきたいと思います。

1）能力的にできることと意味のあることができることの違い

幼稚園の彩月さんは脳性麻痺で、幼稚園入園の際には医師から、他のお子さんと同じように運動することは難しいこと、生活にサポートが必要なことについての意見書が添えられていました。1月にはアキレス腱の手術も控えていて、その状況の中で支援員が付き添って生活していました。

彩月さんは毎日支援員と一緒に行動し、支度や掃除も大半を支援員にしてもらって生活していました。

無理にさせようとすると泣くことも多く、先生たちも支援員が生活全般をフォローしている状況に「仕方がない」と感じていました。
当時、私はボランティアであちこちの学校を回っていました。彩月さんに出会った時の印象は、ずっと下を向いて無表情であることでした。

彩月さんの先生と支援員は、彼女が泣くことや、本来できそうな支度なども支援員に任せてしまうことなどについて問題を感じていました。ではなぜ支援員が手伝っていたのでしょうか。医師の意見書の内容と、泣いている本人の様子があったからです。さらにその幼稚園では、みんな竹馬を練習していました。しかし、彩月さんだけカンポックリをしていました。竹馬は彩月さんの身体機能的に難しいと判断し、機能的に可能と考えた活動がカンポックリだったそうです。

さて、彩月さんの身体の状況や能力を基準に考えれば、支度を手伝うことも、困ったときに駆けつけられるよう支援員がそばにいることも**安全に生活するため**には妥当かもしれません。竹馬をするという活動を無理にさせるより、まずはカンポックリのほうが、**できることを大切にしてあげる**観点からはいいのかもしれません。
しかし、作業療法では安全や能力的にできることだけでなく、**この子の生活にとって意味のある作業は何か**に着目します。なぜこの幼稚園に「竹馬をする文化」があり、それはどういう価値や意味があるのだろうか、それができることはこの子と周りの友達や先生にとって、どのような影響を与えるだろうかと考えます。竹馬だけでなく、掃除当番や支度、給食や遊びなど、さまざまなその子の生活に存在する作業を見ていき、それらの作業がいまできることを大切にします。

この幼稚園では竹馬の練習は生活の中の一部でした。子どもたちは登園すると「おはようございます」と挨拶して自分の支度を行い、竹馬の練習のために、外に飛び出していきました。竹馬の練習は子どもたちにとって**習慣**でした。

そして、子どもたちは自主的に練習していました。なぜそんなに必死になるのでしょうか。この園ではみんな竹馬でできることが増えるたびに、玄関に貼られている自分の写真が右にスライドしていきました。それはレベルアップを示し、最高レベルには「キリン竹馬」という称号がもらえるものでした。キリン竹馬レベルの子どもたちは、竹馬を教えることができる存在「竹馬先生」として認められるのです。実際に竹馬先生になった子も、そこに向かって必死に練習している子もみんな、そうなることにやりがいを感じていました。竹馬は幼稚園での**存在の一つの意味**をつくりだしていました。

竹馬先生になった子どもたちはみんなに教えて回っていき、教える側も教わる側も、それぞれの**役割**に誇らしげでした。竹馬をもって園庭に出れば自然と友達の和が出来上がるのです。そうして竹馬は友達同士の**結びつき**もつくりました。

このように、この幼稚園に所属する人たちにとって『竹馬を友達と一緒に練習する』という作業は、**習慣**であり、**存在意味**であり、**役割**であり、人との**つながり・結びつき**をつくる作業なのです。

そして作業療法で、その人にとっての作業がその子の生活(社会)の中で、できることを大切にしています。もちろんその子の能力だけでは遂行するには難しいこともあります。しかし、人は作業をするために、その人の能力だけでなく、場所や道具などの環境の調整、そしてやり方や量などの作業そのものの工夫など、できるためにさまざまな方法を考えることができます。

作業療法ではその人が、それができるために人−作業−環境の分析をしていきます。

私たちは彩月さんと幼稚園に所属するみんなにとって意味のある「みんなと一緒に竹馬を練習する」ことを彼女の身体の機能で乗れる竹馬を作って届けました。

彩月さんは自分専用の竹馬を見ると笑顔でそれを持って園庭に向かっていきました。カンポックリの時は園の外の日陰のスペースが彼女の練習場所でしたが、そこには向かわなかったのです。みんなのいる園庭に向かっていきました。練習を始めるとすぐに一人の男の子が教えにきてくれました。彼は竹馬先生でした。カンポックリの時には友達は一人も近づいてこなかったのに、当たり前のように変化し流れていくその生活は、まさに竹馬をするという作業に含まれる**結びつき**と**役割**がもたらしたことでした。

園庭に向かっていけたことも、みんなの真ん中で練習できたことも、竹馬をする作業に込められる**存在意味**が彼女にそうしていいと感じさせました。カンポックリの時はそれをやるように声かけと促しが必要でしたが、竹馬の時はすべてが自主的でみんなと一緒にやろうとしました。まさに、これは幼稚園の中の**習慣と役割**がもたらした行動だなと思います。

この習慣や存在意味、役割や結びつきをつくる作業によって、人は自分で次の行動を選択し、できるための努力を楽しみ、生活や交流の輪を広げていくことができるのです。そんな価値をもつ作業を、私は診断やその子の能力、発達課題によってやらない理由にはならないと強く思っています。

2 習慣、役割、存在、結びつきとは

さて、ここで出てきた習慣、役割、存在、結びつきについて少し作業療法の視点をもって説明します。

役割[*1]

社会に参加すると人は自分を学生、勤労者、母親、夫であるとし、こうした役割を果たすために、どのように行動し振る舞うべきかを意識します。役割は属する社会システム（学校、職場、家庭、地域社会など）と、そのシステムの中の他人の期待によって決まります。例えば学校という社会システムに所属する学生は、先生から授業中勉学に励むことを期待され、友達からは部活や休み時間を一緒に過ごすことなどを期待されています。その結果、勉強や部活、友達との交流は、その役割を果たすために、相手の思いを意識しながらすべきこととして認識されています。人が行うことの多くは、この自分がもつ役割に支配されています。

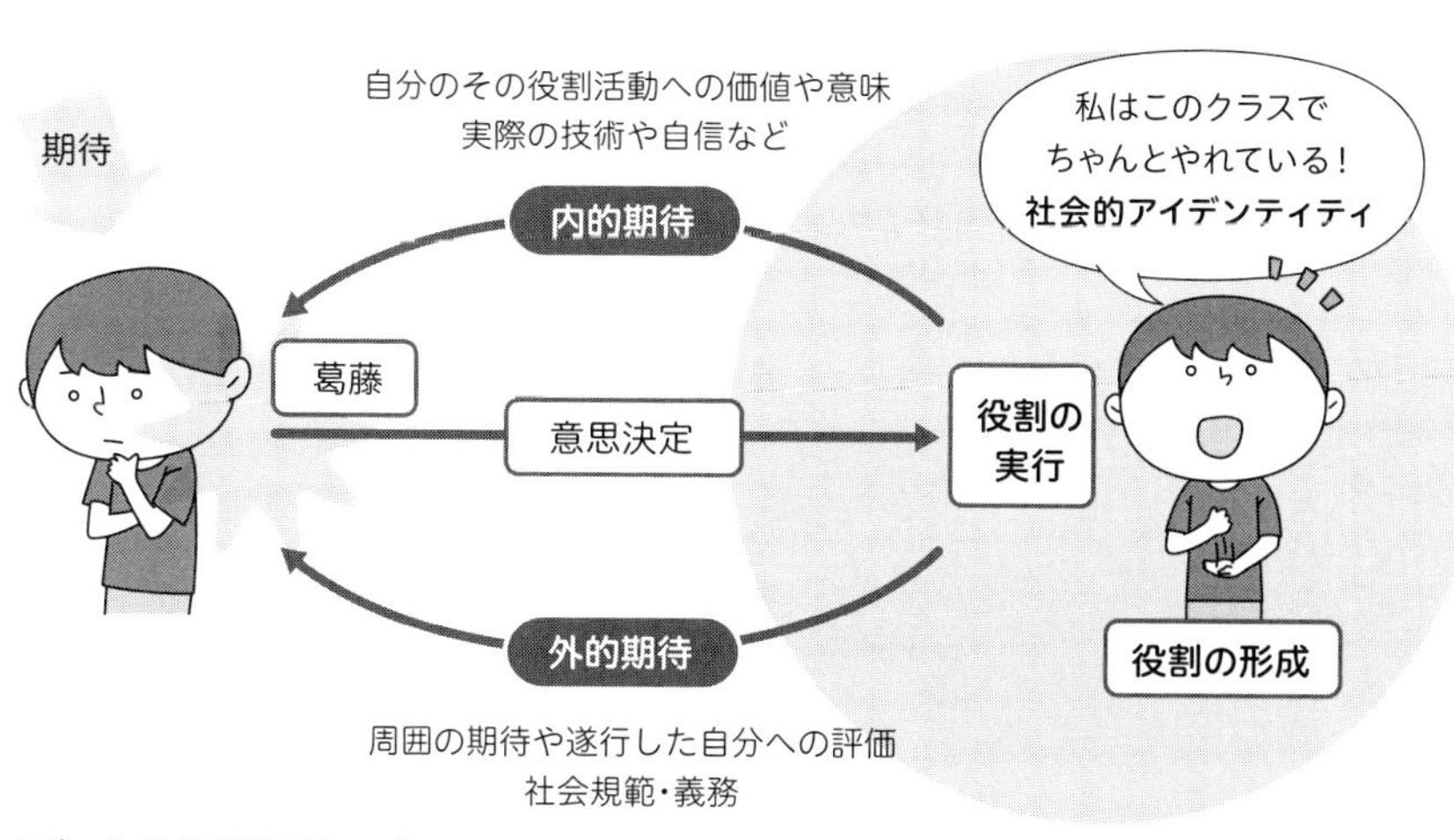

図）作業役割獲得モデル

習慣*1

私たちはさまざまなことを経験し、やり方を学び修正をかけていきながら、ある程度の事柄を自動的に効果的に展開できるようになっていきます。習慣は、ある人がどのように毎朝の身支度をするのかを直感的に決めています。人の毎週の日課は、ほとんどが習慣の機能といえます。

そして、この習慣と役割（合わせて習慣化といいます）は、毎日学校に行くなどの物理的環境との結びつきや、授業という時間を意識して活動するような時間的環境への調整、学生として学校に行き放課後は部員として部活に取り組むような社会的環境との交流を生活の中にもたらします。

この習慣化による直感的で機能的な行動の選択と遂行は、人が日常を保つために大変重要です。朝起きてから自分が何をするのかしないのか、どうやるのか、どこに行き何をして過ごすのかを一つひとつ考えていれば、精神的に疲れてしまいます。学校も仕事もこの習慣化がもたらす、安定的、効率的、効果的な毎日がなければ続けることすらままならないのです。

存在*1

人は時間をかけて自分が何者であるか、どうありたいのか探究し続けます。そして、その自分らしさ（作業的存在・アイデンティティ）は、社会の中で役割を果たすための日々の作業を行うこと（作業遂行）によって維持・強化されます。そのことはより一層、自分の役割を果たす作業について情熱ややりがいをもって取り組むことにつながります。そうして理解が深められた自己の役割は、より深い関わりへとその人をいざないます。人が自分の仕事や活動（作業）に対してこのような強い結びつきをもち、自己表現し、成長や充足感を得ることができる状態を**作業同一性**と言います。

つながり・結びつき

人は作業を通して環境とつながっています。先にも示したように私たちは社会に所属しています。役割に即した作業を遂行することは、その社会（環境）の所属と結びつきに必要なのです。このことは老若男女すべての人に共通していることです。

子どもたちは学校に所属し学生という役割として、期待されていること、やりたいことを行っています。もし、それができなかったらどうでしょうか。

授業中、学生として期待される学習活動ができなければ、その場に居続けることが苦しくなります。やがて、その居づらさ（人が環境との結びつきを失った状態）は、授業だけでなくあらゆる学校生活に連鎖していきます。そのような環境では自分らしくいること（作業的存在）も見失い、習慣化も崩れていきます。人と環境との結びつきは、その人がその人の所属する社会で、健康的に生活するために欠かせないことなのです。

3 届けたい教育は変化し続けるプロセスを築く

人は集団社会の中で役割を担い生活をしています。それはその人の所属する社会で期待されている作業（届けたい教育）を遂行することであり、そのことで人が社会とつながることを可能にします。子どもたちの所属する社会の一つに保育園や学校があります。社会（環境）と人が作業を通して結びつくことで、それぞれに影響し合い、変化し続け、また成長していくプロセスを築きます。それは、専門家がそばにいて指導し続けるものとは違い、変化しながら互いに影響し続けるプロセスなのです。

1）変化し続けるプロセス

私たちは、どうしても人の要素に着目し対応しようとします。彩月さんの先生も当初は、脳性麻痺というその子の特性（機能）に対して支援員をつけ、生活全般を介助し、転倒のリスクに備えてそばに付き添うことを決めました。それは彩月さんの機能に焦点を当て、その機能でも生活に困らないようにという視点であったと思います。

しかし私たち彩月さんのチームは、みんなと一緒の竹馬練習ができることを選び直しました。そのことで実現した生活は竹馬にとどまりませんでした。

彩月さんは、これまですべての生活を支援員に頼って行っていました。支度も掃除もすべてやってもらっていました。集まりの時間も自分だけは特別急ぐ必要はないと感じ、いつも遅れて参加し、話を聞かず支援員とお話をしていました。

竹馬で友達と交流できるようになってすぐ、掃除の時間になると、一人の女の子が彩月さんを誘いにきました。その子は彩月さんと同じグループの女の子でした。「当番は雑巾だよ」と話しかけ、彩月さんはわかったと言って向かいました。支援員と2人で生活している時は、どんなに促しても掃除は嫌々していることでした。

しかしいつの間にか、彼女はグループの一員になり、グループの役割としての当番活動に当たり前のように向かったのです。この変化は当時、先生たちとも驚きました。そして当番活動だけでなく、支度も自分で行うようになりました。幼稚園では朝の支度は各自で行い竹馬の練習に向かうことが習慣でした。その習慣に彩月さんも自然に溶けこんでいたのです。集まりも急いで参加し、苦手な発表も泣きながら考え、自分でやることを決めてできるようになっていきました。

このように**作業は連鎖していきます。**彩月さんの竹馬の練習で起こった変化は、これまで支援員に依存していた掃除や支度、集まりにも影響を与えていったのです。これらの変化は特別な関わりや声かけではなく、この幼稚園の環境の中でナチュラルに起こります。

作業療法では、人は作業を通して環境とつながっていると考えます。人が作業ができることを通して環境とつながると、安心して環境（社会）に所属できるようになります。そして環境の影響を受けて人は成長していきます。

作業を通してつながる「環境」には、物理的なことだけでなく友達や先生も含まれます。

竹馬を通してつながった彩月さんと園生活・友達・先生の影響は、互いに影響し合い変化し続けます。彩月さんにとって、これまで価値を見出すことができなかった当番活動や支度、集まりなども、環境の影響を受け、彼女にとって意味のあることに変わっていきました。

一方で、友達や先生も彩月さんとの関わりに変化が起こります。先生が彩月さんが竹馬だけではなく、幼稚園のあらゆる生活にみんなと一緒に参加したいと願っていることを話しました。すると、子どもたちはそれに必要なことを考えるようになりました。転倒するのであれば手をつなげばいい、速く走れないのであれば待てばいい、一緒にやりたいと思っているなら誘えばいい。子どもたちが自発的に自分がどうすればよいのか、どうしたいのかを考えて動けるようになりました。そのことがグループの一員として誘いにきた女の子の行動につながったのです。この連鎖は止まることなく変化し続けるプロセスをつくります。彼女の変化は小学校生活にもつながっていきました。

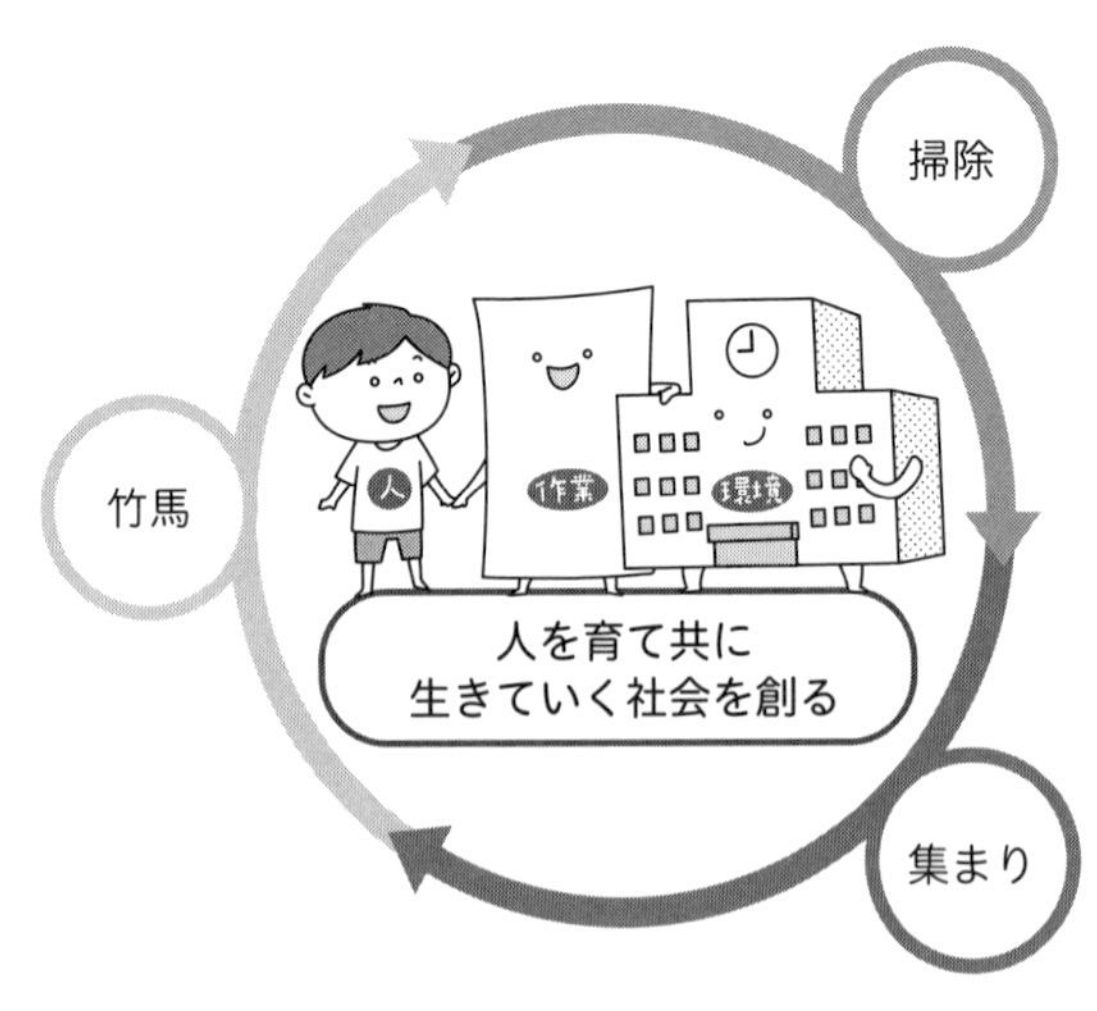

図1）彩月さんの変化（PEOモデルより筆者が作成）

人−作業−環境*2

人は所属する環境の中でやりたいこと、すべきこと、してもいいことなど、その環境の文脈にある意味を感じる作業を通して、環境に結びついています。そして**人と作業と環境は、その生活の脈絡の中で影響し合い、人の作業はダイナミックな相互作用の結果として生じ、変化し続けます。**

彩月さんは幼稚園という環境に所属しつつも、脳性麻痺への対応を強いられ、彼女とクラスのみんなにとって意味のある作業に従事できていませんでした。その脈絡の中では、相互作用は少なく毎日変わらない日々（泣いて支援員に依存して過ごす）が続いていました。

創さんは小学校（環境）で期待されている授業中の学習（作業）が、機能的に遂行が難しい状態でした。次第に彼は学校に行くことが苦しくなっていきました。

私の息子も幼稚園（環境）の中でみんなが当たり前にやっている、一緒に集まって行う活動（作業）が、感覚の調整ができずやれずにいました。そのことでクラスの中に入れない日々が続きました。

人はたとえその環境にいることが制度的に認められていたとしても（幼稚園生、小学生として所属が許可されている）、作業の結びつきなしには生活として、そこに従事し続けることは難しいのです。しかし、一つでも作業ができれば、それが環境と結びつくきっかけとなり、環境と人は相互関係の中、変化し続けるプロセスを築き上げていきます。

彩月さんが竹馬、掃除、集まりと変化していったように、創さんは魚の世話、授業への声だけ参加、ろ過装置づくりへと、これまでのどの子をとっても、その作業は連鎖していくことがわかります。

2 人の健康を考える、機能改善から参加の保障へ

どうして私たちは、人の機能や能力に焦点を当てて支援してしまうのでしょうか。私が学生の時、人の健康についてＩＣＩＤＨのモデル（機能障害・能力障害・社会的不利の国際分類）で理解していました。ＩＣＩＤＨとは、１９８０年にＷＨＯによって初めて発表された障害概念で、障害を主に医学的な視点から捉えるモデルを使用しています。

ＩＣＩＤＨのモデルは図に示すとおり、疾患・変調が原因となって機能・形態障害が起こり、それから能力障害が生じ、それが社会的不利（社会参加ができない）を起こすというものでした。まさに機能障害がすべてに影響を与えていると考えるのです。シンプルにいえば、能力が高ければ社会に良好に参加ができ、そうでなければ社会参加が阻害されるという考えです。この考えは、いまの福祉や医療に根強く残っています。

これに対して２００１年にＷＨＯによって発表されたＩＣＦは、障害について生物・心理・社会モデルを通して捉えるアプローチを採用したもので、個人の障害を単なる医学的な問題としてではなく、社会的な文脈の中で理解するためのフレームワークを提供します。

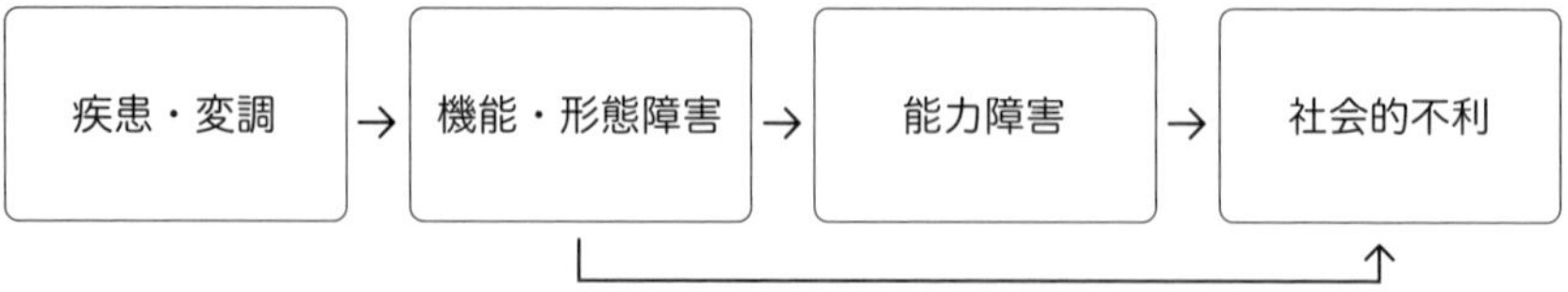

図2）ICIDH：WHO国際障害分類（1980）の障害構造モデル

図3の矢印に注目してほしいのです。ICFのモデルに出会った時、特にこの矢印の意味を知った時、私は心が震える思いがして上田敏先生の書籍を何度も読み直しました。

今まで人の機能や能力が社会参加を決めていると思われていた世界から開放され、環境因子や個人因子からも社会参加は影響を受けること、そして何より、人は社会参加によって能力や機能にも影響を与えることができると理解されたのです。


みんなと一緒にできること［参加］に喜びを感じ、彩月さんも母親も竹馬に乗ること［活動］に向けて主体的に努力しました。そのことは下肢機能やバランス機能の向上にもつながりました［機能］。介入当時5分に一度転倒することを心配されていましたが、幼稚園卒園の頃には転倒が気にならないほどに安定しました。その安定した移動能力は、友達と丘を走り、丘ソリ滑りを楽しみ、運動会では大玉を友達と転がすことを可能にしました。

それらの活動の変化はさらなる参加を広げ、彩月さんの機能向上につながりました。このように参加がその子の機能に影響を与え、機能改善によりできることが増えることで、さらに参加範囲が広がっていきます。そしてまた、参加の広がりにより

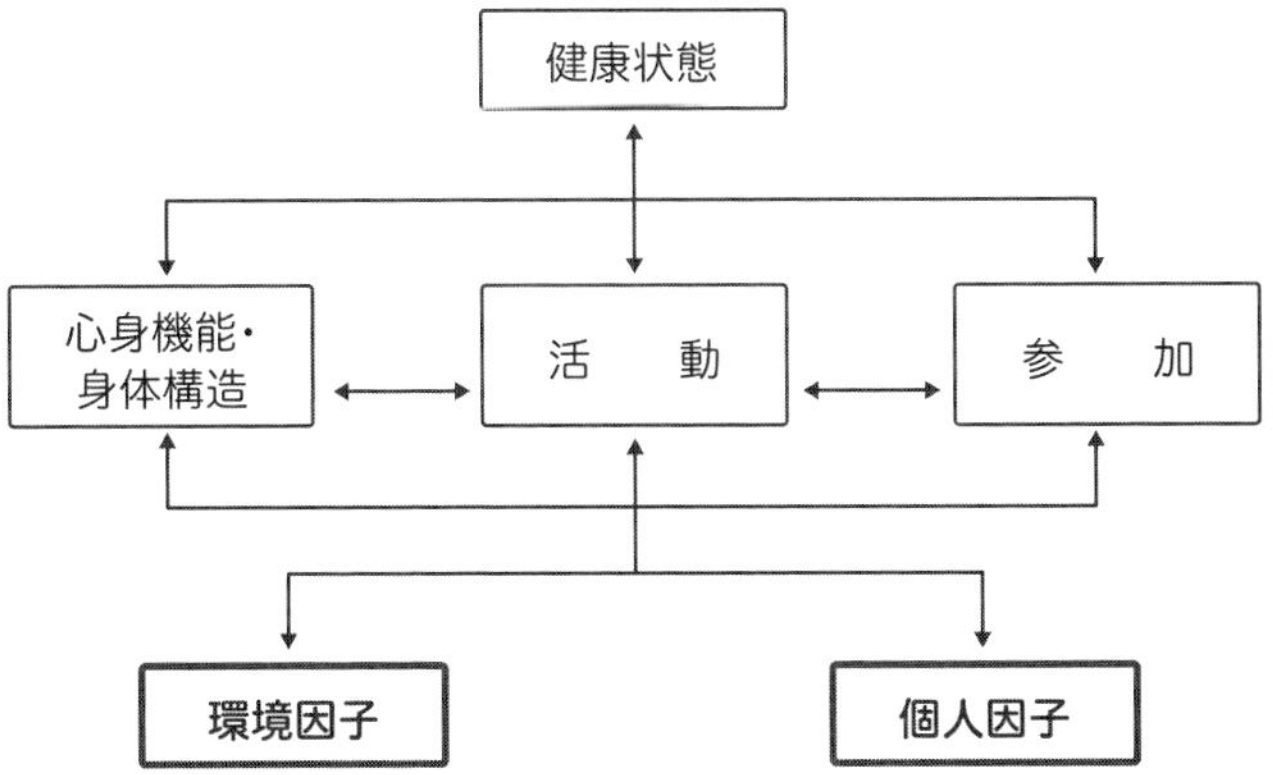

図3）ICF（国際生活機能分類）モデル

携わる活動が増え、そのことがまたその子の能力や機能に影響を与えていくのです。

3 生活の変化と子どもと環境の成長(作業的移行[*2])

作業の連鎖（参加の広がり）はこれまでの説明にあったように、彩月さんの能力や機能にも影響を与え、できることが広がり、さまざまな活動に価値や学びをもたらします。このことは、幼稚園から小学校、中学校へと変化していく生活にもつながっていくことが重要なのです。

人は常に今やっている作業にとどまることはありません。行為単位で言えば、朝ごはんを食べれば、次に歯磨きをするなど、生活の中で作業はどんどんと変化していきます。生活単位で言えば、学校が終われば、家で家族とごはんを食べることや、平日と休日では行う作業が違うなどの変化があります。人生レベルで言えば、保育園や幼稚園を卒園すれば、次に小学校に行くことになります。集団の視点からも、保育園で求められる作業と、小学校で求められる作業とでは大きな違いがあります。この違いは、個人に当てられるものではなく、「保育園生だから」「小学生だから」という、その社会の文化の中で築き上げられた、期待や制度などに影響して変化を求められます。

これはごく当たり前のことであり、自分がいましていることから次に進めていくこと、社会から期待されることに自分を合わせること、といった流れの中で、作業は移行していくものなのです。作業療法ではこのことを**作業的移行**として捉えています。

この作業的移行は先にも示した人－作業－環境のダイナミックな相互作用によって、変化し続けるプロセスの中で、人が成長していくという結果として現れます。いままでお母さんと一緒に着替えていた子が、「自分で着替える！」と言って頑張り始めたり、嫌々勉強していた子が友達が受験を意識して勉強する姿や、先生の情報提供に影響を受けて自発的に勉強しようと志したり、生きている限り影響し合い成長し続けることなのです。

私は学校作業療法を行う中で、子どもが友達や先生、作業と影響し合い、その子の価値や興味といった個人の中で起こる事柄によって、何をどうするか決め（意志）、遂行していく成長の流れを止めないことを重視しています。この相互作用は専門家の介入によって固定されたり、操作されるものであってはいけないと感じています。だからこそ、ゆいまわるでの介入にはこの変化し続けるプロセスが出来上がった時点で「卒業」することを勧めているのです。

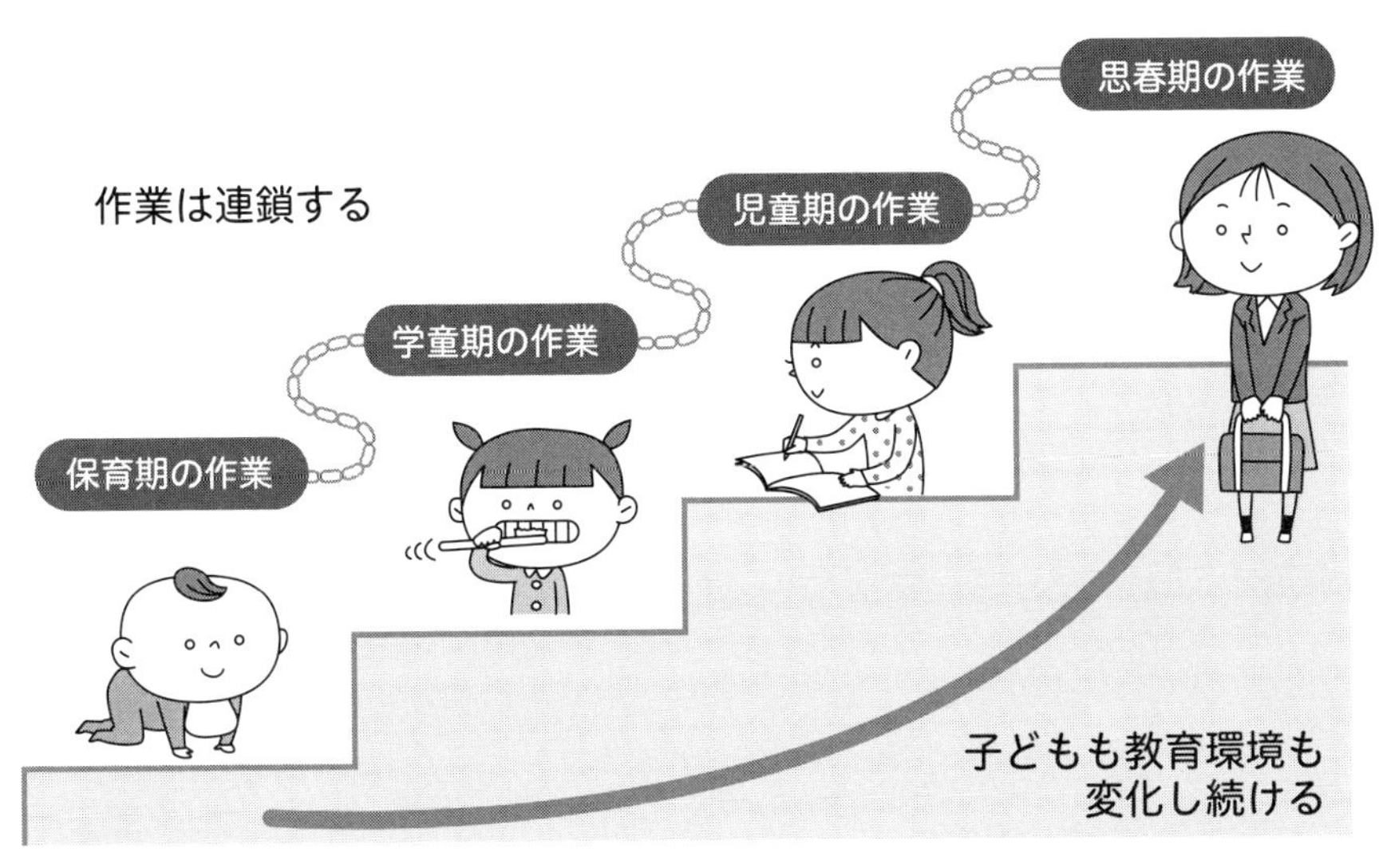

図4）

Chapter 3

届けたい教育を中心に考える学校アプローチ

―学級経営コンサルテーション―

仲間知穂

実際に学校生活は集団生活であり、その学級経営を先生が1～2人で対応しなくてはいけないため、問題と感じる行動に悩むのは事実です。専門家として、そこに参画する上でも届けたい教育に焦点を当てることは重要です。

1 学校と家庭の協働的なチームをつくる

実際に学校では問題が多様で複雑化しています。私が入りはじめた2009年から14年の間でもその違いを感じるほどです。先生の目を盗んでこそこそ授業中に遊ぶ子どもたちが、いまでは先生の目の前で当たり前のように遊ぶようになったと感じます。授業が始まってしばらくは我慢するけど、時間の経過や授業内容が進むにつれてついていけなくなりフェードアウトしていた様子も、いまでは授業開始から「僕はやりません」といった態度をとる子どもたちが増えたと感じます。

2020年から流行したコロナ感染に関する予防を含めた環境調整の影響はさらに子どもたちの生活を変えました。子どもたちの行動の変化の背景には、さまざまなことが影響しあっています。保護者の仕事時間などの**家庭環境**や、携帯電話で気軽にいつでもゲームができるようになったり、公園の遊具が安全第一になって発達の成長を十分に引き出せないものになってしまったりといった子どもの**生活環境**、教育内容の変化、マスク着用や黙食などの**学校環境**など複数の要因が相互に影響し合い、いまの状況を作り出しています。どのような変化があろうとも、日々の学級経営はしていかなくてはなりません。現状の学級経営は先生一人では抱えられない状況となっています。子どもたちの成長を先生一人が担うのではなく、学校と家庭がチームとして担う文化を築くことは急務だと思います。文科省でも「チームとしての学校」が提示されており、学校と家庭の連携はベースとして考えていくべきなのです。

1 連携しづらい学級経営

なぜ学級経営を学校と家庭が（学校内で担任と他教員が）連携していくことは難しいのでしょうか。

会議の中心が子どもの問題行動に関することである

学校で行われる会議の内容の中心は子どもの「問題行動」です。親にとってわが子が「問題」「障がい」と言われることは不安が強く、そこから安心して学校と連携できるのかを考えると本当に難しいことだと感じます。

学校側も、担任の先生は発達的な子どもの特性については専門家ではないので、特性を要因とした子どもの行動に対し、どうしたらいいのか自信をもつことはなかなかできません。

集団と個人のバランスが難しい

複数の気になる児童がいて、その状態もバラバラであるということはどの学級でも見られます。先生たちはよく「本当は一対一で見てあげたい子なんだけど」

図）専門家の介入と課題

とおっしゃいます。それでもできないのが実状であり、学級経営において個への対応は難しいと認識されています。

管理職（校長や教頭）も集団生活の上では、対象のお子さんだけでなくすべての子どもたちに同じように教育を保障することを考えます。そのため対応できることは限られていると感じています。さらに最近は教員の精神的な負担への配慮も必要とされているため、そこを守る立場からは連携に消極的にならざるを得えないこともあるでしょう。

専門家と教員の関係

このような状況の中で、担任の先生は問題と感じる行動の解決に、専門家の協力を仰ぐことになるでしょう。発達障害に関する専門的なアドバイスは、先生が自由に取り扱うことは難しく、自ずとアドバイスに従って対応することとなります。その問題が解決すれば次の問題の対応にアドバイスを仰ぐこととなり、結果的に先生が、その子への対応と学級経営を自由に選択することは難しくなることが多いのです。

先生自身が自由に選択できず予測不能な学級経営の中、保護者や本人のニーズに対して、直接的に一緒に取り組むことも難しくなるのです。

2 届けたい教育は、安全な協働関係をつくる

ではこのように連携しづらい子どもの学校生活に対して、どのように考えていけばいいのでしょうか。

先にも書いたように、**私たちが子どもの行動に問題を感じるのは、できるようになってほしいことや期**

待していることがあるからです。そのため私が学校と家庭でチームをつくるときは、たとえスタート時の先生や保護者の視点が問題と感じた行動の解決であったとしても、「何に問題を感じたのか」「その行動ができることで叶えたいと望んでいることは何か」という対話を通して、チームでその先にある届けたい教育に焦点を当て続けます。

この対話は、子どもが起こしている学校での問題行動は何か、その原因は何かという問いと違い、学校と家庭両者にとって安心できるものとなります。

私も息子の幼稚園時に親の立場で経験しました。私が母親の立場で体験させていただいた対話は「笑顔で幼稚園に行けるといいよね」「まずはできることから自信がもてるといいけど」「できることって何だろう」「徒歩で園に来ることはクラスの中でもとても素晴らしいことですよね」といった内容でした。

「問題の重大性をわかっていない、怖くて預かれない」と言われていた当時の私にとって、いま思い出しても本当に心地よく楽しいチーム会議だったと感じます。

このようにこの対話で共有されることは、みんなの望みや希望、やりたいことであり、苦しい話題になりにくいのです。これまでゆいまわるでは400人以上の子どもたちのチーム会議をしてきました。たとえ開始時に暗い表情であっても、みんな対話を通して笑顔になっていきました。親は子どもに期待したい

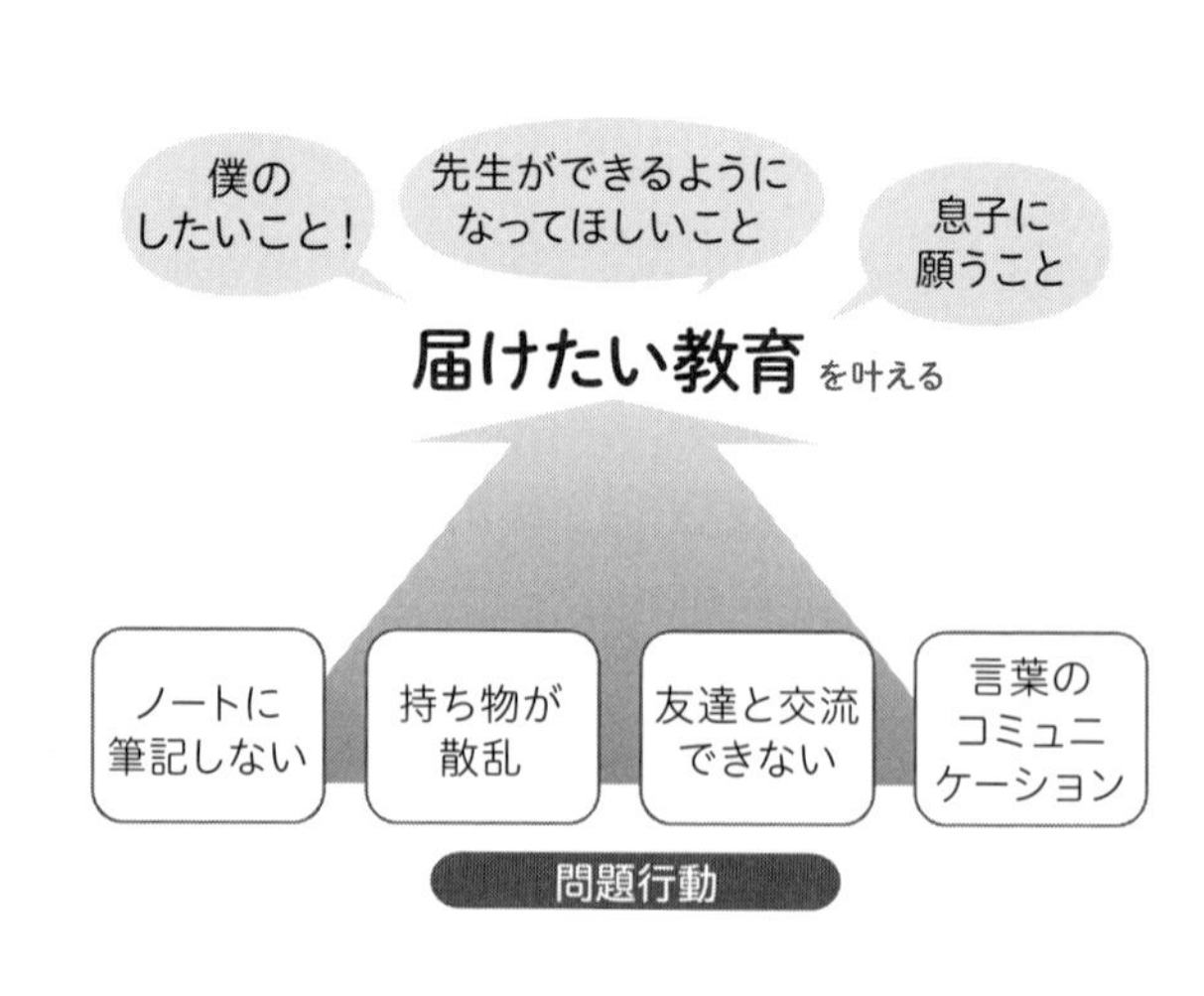

ことを語り、先生は大切にしている教育について語るわけですから、みんながどんどん話して笑顔になる様子は想像できることだと思います。

3 届けたい教育は先生が中心になれる舞台

「届けたい教育（作業）」に焦点を当てた取り組みでの最も重要な関心は、**親はどんなことができることを望み、先生やクラスは何を期待し、その子は何がしたいと感じ、**どんなことならやってもいいと感じているのかという「届けたい教育が何であるか」です。

そのことについて最も知っているのは先生や本人、親ですので、ここでの語りの中心は当然、先生たちになります。特に学校生活の中でとなれば、さらに中心となるのは先生となります。

この舞台での専門家は、届けたい教育を教えてもらう側であり、どう届くことに価値があるのかを学ばせてもらう必要があります。専門家（専門情報）中心ではなく、先生と家族中心（クライアント中心）なのです。

2 学級経営を考える

担任の先生は1人で30～40名の子どもたちに教科課程で定められた授業を進めながら、あらゆる学級活動に対応していく必要があります。子どもたちは多様性にあふれていますので、一斉授業に対しみんなが満足できるというのは大変難しいことです。それでもこれまで出会った先生たちはどの方も「子ども一人ひとりのニーズに向き合いたい」と願っていました。実際には、時間的に余裕のない環境で担任業務を行っているため、対応できることに限度があります。

そのような学校環境下で、専門家による一人のお子さんの特性や対応方法などの情報は、先生たちにとってありがたい反面、実際には対応できない状況との板挟みに苦しませる恐れがあります。また情報を提供した時点で、先生にその情報を活用する責任を背負わせる状況になることを私たち専門家は自覚する必要があります。

私はボランティア時代に、自分の専門的情報が先生を苦しめてしまった経験をもっています。

「専門家の情報提供が先生に苦しい思いをさせた事例」（文也さん）

ある幼稚園で、男の子が不安から先生に噛みついたり、教室から飛び出して逃げたりしていました。その男の子（文也さん）について幼稚園の教務主任から見てほしいと依頼がありました。私は担任の先生に文也さんの行動や反応から予測されるその子の問題行動の原因についてお話ししました。文也さんは視覚や触覚などの感覚の情報を過剰に受け取っており、先生の全体へ指示する声や友達が急に近づいてくる状況に恐怖を感じ、「噛む」「逃げる」という防衛行動を毎日続けていました。

また、文也さんは相手に伝わる表現がわからず、表情や言葉でSOSが出せずにいました。そのため、周囲も文也さんのその状態に気づくことができませんでした。

当時の私は、早くこの状況を止めないといけないと感じ、先生に情報提供を行いました。その情報提供に担任の先生は「ありがとうございました。大丈夫です」と言うと、その日以来、私を遠ざけるようになりました。

当時はまだまだ勉強不足とはいえ、かなり言葉には配慮した記憶があります。それでも先生と距離をつくってしまいました。それから3年後、先生と話ができる機会があり、当時のことを話してくださいました。「私は仲間さんが話してくれた内容は最もだと思いました。しかしそのことよりも、私の担任としての仕事が十分ではないと評価されたように受け取ってしまい苦しかった」


この失敗は私が専門家として提供する情報の怖さを学ぶ機会となりました。現在、ゆいまわるでは提供する情報に気をつけています。先生の届けたい教育に焦点を当て、対象のお子さんの力を最大限発揮しながら、その教育にみんなと一緒に参加できるための情報提供をすることで、先生が安心して学級経営できることを第一に考えています。そのこともあり、安全に取り組める事業所として沖縄の学校に広がりつつあります。それでも新しい地域の学校に作業療法の関わりを説明しにうかがう際には、専門家の介入を学校側に不安視されることがあります。

不安視される理由の多くはやはり「さまざまな専門家にアドバイスを受けてしまうと先生が対応できず

負担になる」ということです。

専門家による、特定のお子さんに対する専門的解釈と関わり方の情報提供は、学級経営という視点では必ずしも、安心して受け取れるものではないということを、私たち専門家は認識しないといけないのです。

1 教育を通してみんなの健康を考える

先生の健康

問題に対してどう解決すればいいのかと悩み続けてきた先生に「自分は何を大切にしているのか」「子どもにどうなってほしいのか」という、先生の届けたい教育に焦点を当て語り直してもらいます。実ははじめから自分の届けたい教育を語れる先生は少なく（実際には出会ったことがありません）、この過程で先生ご自身が自分の真のニーズに気づくことになります。その上で、先生の真のニーズである教育が、なぜこの子に届かないのかということについて情報を提供していきます。作業療法においてはこの情報が先生にとって手に取りやすいものであるという特徴があります。

このような情報提供は、これまで「目からウロコだ」と評価していただくことが多いのですが、それは作業療法士が提供する情報が、先生ご自身が本当に大切にしたかった教育を叶えるための情報だからだと思います。

さらに、自分の教育の目的をはっきり共有できてから始まるチームアプローチでは、そのチームの中で自信をもって「担任」という役割で参加していくことができます。届けたい教育は先生の作業ですから、それができることは先生の役割に影響を与えます。

ですからこの過程の中で、一番最初に健康になるのは先生なのです。**届けたい教育を自分の考えた戦略を通して実現し、そして、子どもたちが成長すると、さらに先生は健康的に学級経営ができる**のです。

親の健康

たいていの親は初回のチーム会議にたくさんの不安を抱えて参加します。その多くは先にお伝えしたように、わが子に対して「問題」や「発達障がい」という枠組みで捉えられることへの不安です。そのためこの子を守る！という思いも含めて、会議の席では〝謝罪しにくる〟〝学校に戦いにくる〟〝親が得た知識を提供しにくる〟と行動を決めて来られる方も多いです。

しかし、届けたい教育を叶えるためのチーム会議で共有されることは**希望**です。そして、それを叶えるための子どもの理解や先生が授業で工夫したこと、先生や親の関わりによって子どもにもたらした成長などであり、その話をする時に先生も親も互いに不安になったり、気をつかって言いにくいといったことは従来の会議に比べ大変少なく、むしろ積極的に話すため、話が弾む傾向にあります。

子育てを親の責任にせず、届けたい教育という目標を共有したチームとして、一緒に叶えていくスタンスは、親も心強く楽しんで参加することができます。

子育てが楽しくできることは、親の健康に最も重要なことなのです。

子どもの健康

保育園や学校で、したいことや期待されていることが実際にできるようになることが、活動の広がり、交流の広がりと、子ども自身の健康につながることはこれまで紹介してきたさまざまなお子さんの様子からもよくわかります。そしてその健康は、彩月さんだけでなく彼女と一緒にその教育ができたクラスの子どもたちにも影響を与えています。5歳にして、友達のために自分に何ができるのかを積極的に考え、自ら彩月さんの手をつなぐことや、竹馬を教えること、待つこと、一緒に合わせて遊ぶことを選んでいけた子どもたちもまた、その子らしく健康であったと言えるでしょう。このように**届けたい教育ができるようになることは、対象とするお子さんだけでなく、その社会に所属するすべての子どもたちに影響を与える**のです。

2 いまするこことがその子の社会参加につながる

これまで、届けたい教育ができることによって、子どもたちが変化していく（子どもが健康になっていく）様子をお伝えしてきました。いま、何をするかによって決まっていく、その子の社会参加への影響について彩月さんを通して見てみましょう。

彩月さんは元々カンポックリを行っていました（doing）。そのことは支援員と一緒に練習する存在、脳性麻痺だからカンポックリをする存在として本人も、周囲も認識していました（being）。その存在感はカンポックリだけでなく、幼稚園での生活すべての存在として成り立っていました。そのため彩月さんが何か困っていても意識する児童もいませんし、彩月さんも友達と一緒に何かをやろうという選択

doing すること	支援員とカンポックリ →**竹馬をする**
being 存在すること	支援員とペアの存在 →**チャレンジする一員**
becoming なっていくこと	支援員とすることを選ぶ →**掃除や遊びも友達と一緒にする**
belonging 所属すること	支援員と生活する →**仲間としてクラスへ所属（小学校へ）**

肢ももち合わせていませんでした（becoming）。当時、彼女は支援員と一緒に幼稚園で過ごしていました（belonging）。

しかし、竹馬をするようになると（doing）、友達が教えにきていました。彩月さんもそのサポートを受け入れることができていました。そこには互いに竹馬を一緒に練習する存在として認識があり（being）、その結果、教えることは当然の選択でした（becoming）。この変化もまた竹馬にとどまらず、グループの一員として掃除をすることや、友達と一緒に手をつないで遊ぶことなど、互いの存在の認識が、その先の行動の選択に影響を与えていました。当然彩月さんは幼稚園のあらゆる生活を友達と一緒に行い、運動会などの行事も一緒に参加することで、友達の輪の中で幼稚園生活を送っていきました（belonging）。

doing-being-becoming-belonging＊2

「doing-being-becoming-belonging」は、作業療法における概念で、これまでお伝えしたように、人は自分にとって意味のある作業を行うことで、その人の生活・社会・人々と結びついていくことができます。このような作業との結びつきでは、人はその社会の中の作業や環境と相互に影響し合いながら、なりたい自分になっていく、健康になっていくと考えます。

- **doing（作業を行うこと）**：その人にとってやりたい、する必要があると意味を感じる作業を行うことです。
- **being（存在すること）**：作業を行うこと（doing）によって人は、自分はどういう存在なのか、周りからどう存在しているのかといった、自分のアイデンティティに対する理解を深めます。

・**becoming（なっていくこと）**：自分の存在（being）は、自分が何をしていくのかを決めます。何を目標とし、何をすることに価値をもち、何が自分にとって大切なのかの柱になります。その選択された作業を行うことにより、人は成長し、変化し、自己実現していくのです。

・**belonging（所属すること）**：その人の存在（being）と作業を行うこと（doing）は、その人の社会的なつながりとコミュニティへの参加に影響を与えます。作業を通して人は個人、家族、学校、会社、地域、コミュニティに結びつけていきます。

学校に安心して通えない子どもたちについて、作業療法士がその子にどんな作業を行うことが大切なのか（doing）から考えるのは、このフレームワークをもっているからです。どんな困難や問題があろうとも、先生や親に「届けたい教育は何ですか」と問い続けることは、この作業を探すための一つの道なのです。

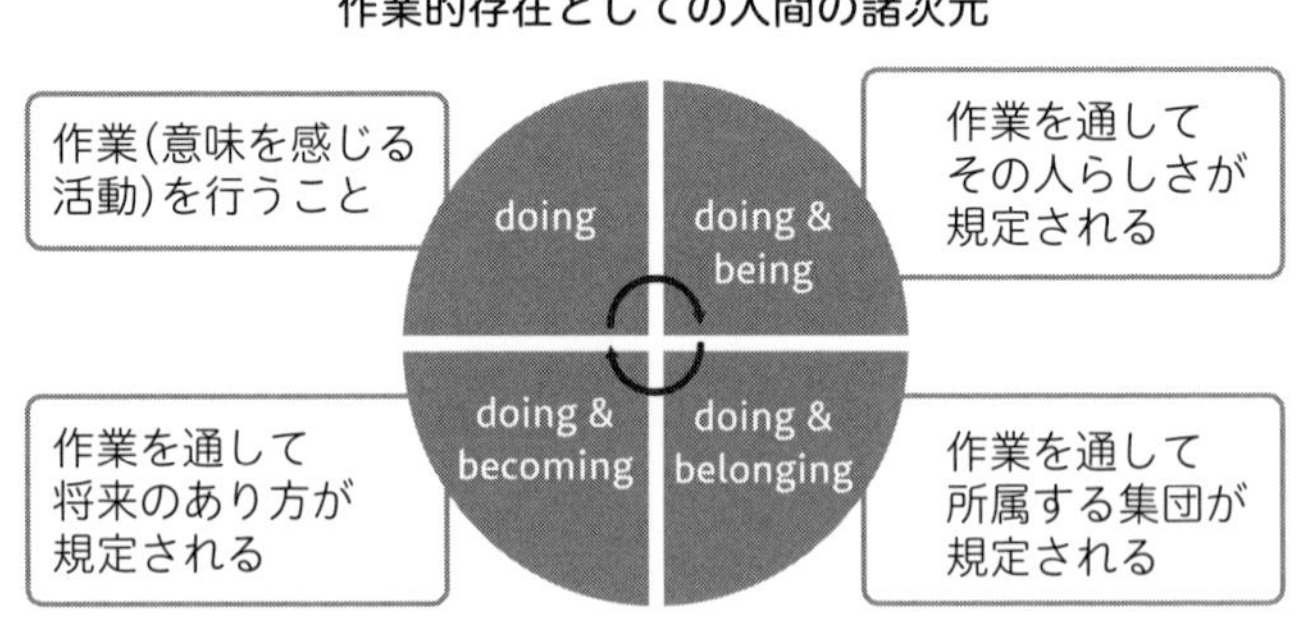

図）作業的存在の概念図
（小川真寛、藤本一博、京極真編著『作業療法理論の教科書』より）

3 届けたい教育とインクルーシブ教育

インクルーシブ教育の目的は、人々の多様性を尊重し、障がいの有無にかかわらず障がいのある者もない者も共に学ぶ中で、障がい者が精神的及び身体的な能力等を可能な最大限度まで発達できることで、自由な社会に効果的に参加することを可能とすることとされている（文部科学省[*3]）。

このことは、ただ子どもたちが障がいの有無にかかわらず、同じ空間で生活し、学べればいいということではないのです。この形だけにこだわることはかえって、その子も共に生活する子どもたちにもいい影響を与えないことは、これまでさまざまな学校を見てきて感じてきました。教室に入ることが苦しすぎて、授業中歩き回ったり、自分だけ置いていかれる不安から授業をわざと止めようとしたりする状態の子どもたちは、決して届けたい教育に結びついているとは言えず、その状態は互いに不健康な状態です。

もちろん、インクルーシブな学級に育っていく過程には、そのような状況が一時的に存在するでしょう。しかし、それは過程であり、変化することを前提としていることが必要です。その変化をどのように起こしていけばいいのかとことの答えの一つに、私は届けたい教育に焦点を当てることであると考えています。

多様な子どもたちが、届けたい教育を通し、クラスや友達、先生と結びつき、互いに影響し合い、変化し続けるプロセスがインクルーシブ教育の実現に重要なのです。

ユネスコが2005年に出した『Guidelines for Inclusion』より、荒井[*4]がインクルーシブ教育についてまとめた「インクルーシブ教育とは多様性への対応を教育を豊かにする機会として捉え、変化し続けるプロセスである」という視点に私も強く共感しています。

〈参考文献〉
＊1　ギャーリー・キールホフナー著、山田孝監訳『作業療法の理論』医学書院（2008）
＊2　エリザベス・タウンゼント／ヘレン・ポラタイコ編著、吉川ひろみ／吉野英子監訳『続・作業療法の視点―作業を通しての健康と公正』大学教育出版（2011）
＊3　文部科学省「共生社会の形成に向けたインクルーシブ教育システム構築のための特別支援教育の推進」
https://www.mext.go.jp/b_menu/shingi/chukyo/chukyo3/siryo/attach/1325881.htm
＊4　荒川智、越野和之著『インクルーシブ教育の本質を探る』全障研出版部（2013）

Part 2
「届けたい教育」を理解する

仲間知穂

Chapter 1

日本の教育文化から「届けたい教育」を理解する

先にも述べたように「届けたい教育」は、本人と親と先生の、いまやりたいこと、期待したいこと、してもいいことであり、その作業は、その人の人生に意味や価値を与えるものです。その「届けたい教育」ができるようになることは、その人のあり方に影響を与え、その人の行動の選択を変えていきます。そのことは参加する社会（学校）への所属意識にも影響を与え、その変化し続けるプロセスが、関わる人の生活と人生を豊かにしていくのです。

そのような「届けたい教育」は簡単に見つかるのでしょうか。「あなたの『届けたい教育』は何ですか」そう聞かれて答えられるのでしょうか。

ましてや学校であれば、「届けたい教育」はその子にとっても、先生にとっても、親にとっても意味のある作業です。チームみんなが接点をもった作業ははたして存在するのでしょうか。ここではその「届けたい教育」をチームで探究することについてお伝えします。

1 「届けたい教育」は探究し続けるものである

ゆいまわるでは初回面談で、親と先生それぞれに、「届けたい教育」について説明し対話をします。親も先生もいま困っていること、これまで取り組んできたことなど、実際にいま向き合っていることについてはスムーズに話すことができます。しかし、いざ自分が「この子に何を届けたかったのだろうか」「何を期待し、どんな希望をもっているのだろうか」という問いにはすぐに答えることができません。

基本的に私たちは、**問題を解決した後に望むことの達成**があると信じているからです。しかし問題と向き合っている間は、自分が本当に何を望んでいるかということに目を向けていません。目の前の問題を日々解決することにエネルギーをかけ続けているのです。

私たちはまず、親や先生が一番語りやすい、困ったことや悩んできたことなどのエピソードを具体的に聞いていく過程で、その中にポツン、ポツンと登場する「本当はこれを希望しているかもしれない」と感じる言葉を紡いでいきます。これはまだ形にならない**「届けたい教育」のかけら**です。ですから、そのかけらを拾い集めてまずは一つの形にします。そして「もしかしたら、これがあなたの『届けたい教育』ではないでしょうか」と問いかけていきます。

その問いかけが先生や親の「届けたい教育」に触れるものであれば、必ず感情も含めた反応が返ってきます。

「そうなんですよ！　だって……」

「はい！　それ、それですよ」

相手の表情から「届けたい教育」の原石をまずは見つけ出します。

子どものときは対話では難しいことが多いため、十分に言葉で表現できない子どもの「作業の原石探し」は、実際の生活の中のその子の行動から拾い集めていくのです。

- 教室にいるのにそわそわしているのはなぜだろう。
- ホームルームが終わって誰よりも早くダッシュで出て行ったのはなぜだろう。
- 友達の手を過剰に強く握っているのはなぜだろう。
- 遊んでいる最中にチラチラ先生を見るのはなぜだろう。

学校生活のその子の行動に問いをもちながら見ていくことで、その子のやりたいことの原石を見つけていきます。

そうして見つけ出した親と先生と子どもの「届けたい教育」の原石は、チームで叶えていく過程で、多くの対話を通して磨いていきます。そのためまずはこの原石を第一の目標とします。この目標はこれから先変わらないかもしれないし、変化していくかもしれない。ここでは確実なものではなく、原石で十分なのです。大切なことは、この先**チームで一緒に磨いていくプロセス**にあります。目標を磨き直して、みんなにとって本当に意味のある作業は何かを探究していきます。

作業ストーリー[*1]

私たちの行動は、その人の価値や意志、そして、環境との相互関係や作業の意味によってストーリーの中で存在しています。例えば授業中に歩き回る子がいたとします。「授業中歩き回っている」という行動の事実は、そこに存在しますが、それがどのようなストーリー（文脈）として位置づけられているかは、その子とその環境（先生や友達、時間や空間）と、その作業（ここでは授業や勉強することに込められている期待や文化的・個人的価値を含めて）に照らされることによって、変わっていきます。

先生にとって授業は着席できることが重要であり（作業の価値）、それができないこと（人の能力）に対して課題だと感じるのであれば「授業中の離席」として登場するでしょう。先生にとって授業に安心して参加できることが重要であるならば、「この子にとって、この授業は苦しいものなのだというSOS」として登場するでしょう。

また、この子にとって授業がつまらないと感じてただ立ち歩いたのであれば「飽きたので立った」という行動になります。しかし、その子が本当は授業に参加したいけど、周囲のプレッシャーに耐えられずに立ち歩いたのであれば「クールダウンしてでも授業に参加したいんだ」という意味をもった行動として登場します。

日本は着席して授業を受けることが文化的な価値をもっていますが、フィンランドであれば好きなクッションにもたれたり、床に座ったり横になったりして学ぶ中で、歩き回る行動は特別注目されることなく環境に溶け込むものになるかもしれません。

このように人がすること（作業）は、ストーリーの中で存在しています（作業ストーリー）。

ストーリーテリングとストーリーメイキング*1

人が作業ストーリーの中で存在するのであれば、子どもや先生、親が現状（子どもがいましている行動）に対し、何を問題に感じ、どうしたいと願い、本当に叶えたいことは何であるかということは、その作業ストーリーを理解してはじめて存在することになるのです。

「離席」「暴力」「授業放棄」「多動」「自閉症のこだわり」そういった言葉は、作業ストーリーを一気に消し飛ばしてしまいます。

〈ストーリーテリング〉

物語るという行為を示します。先生や親や子ども（代弁を含めて）が語ることには、その人の作業の意味や環境の影響の理解が含まれ、その人のスピリチュアルが詰められています。そして語ることは、その人自身にも影響を与えます。これまで多くの先生が語りを通して自分の本当にやりたかった教育を認識し、その語りは自分らしさ（アイデンティティ）の再構築になり、より先生が先生としての役割に誇りや希望をもつ機会となりました。

また、チームでのストーリーテリングは、相手の語りの影響を受ける機会となり、そのことで、自分の作業の意味が変化し成長していくのです。この影響は「届けたい教育」の真のニーズをチームで共有したり、自分ごととしていくなど、チームの方向性に影響を与える重要な過程でもあります。作業療法士はクライアントが互いに「届けたい教育」の理解を深めたり、洞察を展開したり、そのために何ができることが重要なのかを明らかにしていく機会をつくります。

〈ストーリーメイキング〉

ストーリーテリングを通して、親や子ども、先生が自分自身が本当にやりたかったことに気づき、「届けたい教育」として言語化され、さらに自分がその実現に向けて力をもっており、実際にできる存在であると感じていける経験を作業療法士は支えていきます（**作業的存在**）（**作業コーチ**）。

クライアントが失敗や不安や衝撃的なことを目の当たりにすると、その突然の問題への対応だけに意識が向いてしまうこともあります。子どもが窓ガラスを割った、物を盗んだ、友達を殴ったなどの衝撃的な事実を問題として捉え、正すべきことという常識から自分の行動を選んでしまうこともあります。そんなときは、本当に大切なことは何かを再び語り直すことで「届けたい教育」を見失わないようにサポートもします（**洞察の喚起**）。

その際、作業療法士はさまざまなことをクライアントの状況に合わせて行います。親は毎日のこととなると、いつこの苦難が終わるのだろうかと苦しくなることもあります、先生や子どもも同様です。苦しくならないよう話を聞いたり、別の視点からの見方を伝えたりして感情を支え、同僚やママ友、クラスメイトが、その人がそこに従事することを応援していることも知ってもらいます（**日常生活活動の見方を拡大する**）。そして、先生や親がいまの状況をどう感じ、どうしていこうと考え苦しみ頑張っているのかを理解し、いまの取り組みが未来にどうつながっているのかをイメージできることを支えていきます。このようにクライアントが日常の中で、その「届けたい教育」の実現に向けて力をもてるように支えます（**イメージの再建**）。

このように、子どもや親、先生が作業的存在として開花するようにチームをつくっていく中で、その取り組みが、クラスや家庭、その子の生活にどのように影響し合うのかも共有してきます（**文化的側面**）。

2 日本の教育文化とは

これまで私が病院で勤務しているときは、目標は患者さんと決めるものではありましたが、一度目標が決まれば（それもいま考えるとセラピストが決めていた感覚が強いです）、それが変わることは、その人の機能が向上した時のみで、変化していく感覚はありませんでした。しかし、学校作業療法をするようになり、目標はクライアントと決め、そして育てていくものであると確信しています。

日本には「察しあう・かりわりあう文化[*2]」という独特の文化があります。学校では先生も子どもも親も、自分の行動ややりたいこと、やりたいのにうまくいかなかったこと、なぜそこを問題視しているのか、どうしたいのかを日常的に説明し合うことがないように思います。そのため、さらにその奥にある「届けたい教育」に出会うためには、まさにチームで探究していく必要があるのです。

「察しあう文化」と学校

学校という社会では、自分の行動や相手に期待することを詳細に説明はしません。これまでの経験からも「私はあなたたちにしっかりわかってもらうために、視覚的にわかりやすい教材をつくってきたよ」なんて説明する先生に出会ったことはありません。むしろ、そこを説明してしまったら虚しいとか、わざとらしいとか、恩着せがましいと感じられてしまうのが日本社会の文化なのだと思います。このような日本社会を平田オリザさんは「察しあう文化」と示しています。

一方でヨーロッパなど異なる宗教や価値観が、陸続きに隣合わせている国々では、自分が何を愛し、何を憎み、どんな能力をもって社会に貢献できるかを、きちんと他者に言葉で説明できなければ、無能とされる「説明しあう社会」を形成してきました。アメリカでの学校作業療法では、それぞれの専門家が自分の能力と役割をきちんと説明しあい、お互いが協力するけれど領域には侵入しない関わりであると学びました。まさに説明しあう社会の関係性であると感じます。

この違いは学校に専門家として関わる際、とても大きな違いです。察しあう文化には難しさもありますが、魅力もあります。その魅力を大切にする日本の学校のための学校作業療法を提供するために、その文化についてよく学ぶ必要があります。

3 子どもは教育の目的を知っているのか

例えば、みなさんが学生の頃、「今から○○について5分間話します」とか「ここは説明を聞いてほしいところ」など、先生が話すタイミングについて説明を受けたことがあるでしょうか（子どもたちを静かにさせたくて「ここテストに出すから聞いといて」はあるかもしれませんが）。

授業中、先生は自身の行動をあまり説明しません。子どもたちは授業前に教科書などを出しておくことや、背筋を伸ばして座り、先生の目を見て話を聞くことをルールとして習ってはいますが、その目的まで理解している子は少ないでしょう。さらに実際の授業では、先生が話す空気感を察知して、子どもたちは前を向くことなどルールとして明確化されていないことにも期待されています。

宿題でも、沖縄には自分で自由に勉強内容を考えて行う宿題として「がんばりノート」がありますが、私の息子がノートいっぱいに絵を描いて提出したら注意されていました。内容は自由とされているのに

ＡＢＣと評価が返ってくることもあります。このがんばりノートは内容について「察して」書かなくてはいけないものなのです。

このようにがんばりノート一つとっても「察する」ことが求められる中で、実は先生の教育の目的も「察する」ことを期待されています。

子どもたちは立ち歩いたり、ノートを書かないことは注意されると認識しています。しかし当たり前にそのことが存在しすぎて、なぜだめなのか？という問いはもっていないように感じます。

先生が「みんなが迷わないように、今は重要なことを3分間伝えるので座って聞いてほしい。そして自分のできることを発揮して参加してほしい」と、座ってほしい目的を説明していれば、離席した児童は「あ！そうか、いま歩いたら授業の内容に迷ってしまうんだ」と気づけるかもしれません。

このように教育の目的を察することが求められる中で、実際には察して理解することがうまくできない児童が離席で注意されるとどうなるでしょう。その子はその離席したことの注意に対し「授業中、歩いたらダメ」と**自分の行動をただ抑制する**ことを頑張ることになります。

家庭でも子どもが、自分が先生に注意されたことを報告することはあっても、自分が注意された目的まで話すことは少ないだろうと思います。そして親はその話から先生の行動に対して「先生の言うことはちゃんと聞かなきゃ」と子どもに反省を求めたり、「なんで、そんなことで、あの先生は怒るのかしら」と先生を批判したりすることになると思います。

これでは**先生の「届けたい教育」とその目的がその子に認識されることはありません**。

本来なら教育の目的を理解するために学校でも家庭でも対話ができることが大切なのです。

4 家庭と学校は教育の目的を共有しているのか

学校と家庭が「届けたい教育」の実現に向けて協業できることが重要です。しかし、家庭はそのような関係だと感じているのでしょうか。これまで学校と家庭のチームづくりをしていて、正直のところ協業しようという意識は薄いように感じます。

多くの親は学校から連絡が来ると、「何かやらかしたな」と子どもの問題についての報告があると感じます。みなさんも学校から連絡があれば「何かありましたか？」と聞いてしまうのではないだろうか。日本では保護者と先生は注意事項を共有する関係という認識が強いように思います。それが協業しようという意識の薄さにもつながっています。

先日一緒に活動している南風原町教育委員会総括指導主事の城間智先生は「注意する内容の時しか電話しないから保護者との関係性はそう出来上がる。ひょっこりほめ電話したらいいんだ。ちなみに僕が教員の時にしたら、親は驚いたけど喜んでいた」と話されていました。本当にそれは素敵な考えだと思います。

家庭は学校の教育の目的よりも、子どもが問題なく生活できているのか、勉強ができているのかという、**できる・できないに意識が向きやすく**、教育について真のニーズまでは共有できていないことが多いのです。

Chapter 2

先生の教育の目的を理解する

1 対話を通して理解する教育の目的

察しあう日本の教育では、先生の語りを通して「届けたい教育」を丁寧に理解していくことが大切です。私は先生との初回面談で、必ず「届けたい教育」とその目的をうかがいます。どの先生も問題の相談から始まるため、入り口はそこからであっても対話の中で、どうして問題と感じたのか、どうしたいと感じているのかなど、「届けたい教育」について聞いていきます。

仲間「授業中に離席してほしくないと感じるのはなぜですか。離席しなければもっとどんなことができると感じますか？」

先生「この子はノートを書くことが苦手だけど、発言が上手です。本当はそういった本人の得意なところで認めてあげたいんです。しかし、離席ばかりしていると授業の内容に遅れてしまったり、注意もしないといけない。注意せずにいたら、他の子がなんであいつだけとなってしまいます。注意されたら、その後はすねてしまって発表しなくなってしまいます。嫌な思いでスタートせず、安心して授業においていかれず、ついていけるようにしたい。そして素敵な発表をもっとできるようになってほしいのです」

仲間「なるほど、そうすると先生は**子どもたちが安心して授業に参加できる中で、自分のできることを発揮し、そのできたことに自信や喜びを感じてほしい**ということですね」

このように教育の目的が対話を通して明確になると、多くの先生が「そう！　そうです！」と初めて発見したかのような表情をされます。先生ご自身がおっしゃったことですが、ご自身の気持ちを初めて知ってすべてを書き写す先生もいます。

「届けたい教育」は、先生の心の中で察してもらうことを待っていたんだと思います。こうやって言語化して初めて世に飛び立つ「届けたい教育」を一緒に叶えていくことに真のニーズがあるのです。

2 問題行動のラベリングによる影響

「届けたい教育」は、専門家が言語化したことに強い影響を受けてしまう特徴をもっています。

専門家から先生が「4年生なんだから、〇〇ぐらいはできるようにしないといけない」と指導を受けたり、子どもの問題と感じる行動について、発達的な特性や家庭環境の影響として説明されると、そのことを改善することが教育として重要視され、「届けたい教育」は消えてしまいます。その対応が、まるで先生の教育目標のように鎮座することもあります。一度そのような状況が起こると、「届けたい教育」は日の目を見ることがありません。

先ほどの離席の事例で、専門家がその児童の離席理由を分析し、先生に説明したとします。

「この子はＡＤＨＤで多動傾向にあるため授業中落ち着かず、そのため離席してしまうのですね」

このように専門用語による理由づけがされると、この離席は「多動」という原因がもたらした結果の行動として固定されます。このように評価を固定する行為を「ラベリング」と言います。そしてその**ラベリングされた理由は、先生たちの教育にも影響を与えます。**

先生は〝ＡＤＨＤという原因がもたらした行動として離席している〟とラベリングされたことに対して、「無理して座れなくても仕方がない、様子を見よう」という手段をとるかもしれません。それ自体は問題ではありません。

これがあくまでも**〝座れるか否かについての教育的手段〟**であるということが問題なのです。この事例の〝様子を見る〟という教育的手段は、どんな結果であればゴールとなるのでしょうか。おそらく、この子が座れたら良しとされるのでしょうが、いったい何が「良し」なのでしょうか。一方で座れなければ「問題・悪し」として残り続けます。それができるように先生もその子もエネルギーを注ぎ続けることは、本当に大切なことなのでしょうか。

3 「届けたい教育」にこだわる

専門家によって言語化された「ＡＤＨＤ」と「離席」は、さまざまなことから切り取られクローズアップされ、その対応に先生が努力をし始めます。この時、すでに「届けたい教育」が何であるのか発掘されることはなく、ゴールがないまま学級生活が座れるようになることに注目され続け、ただ流れていきます。そしていつも、このことに現場の誰も疑問を感じません。

私が問題行動の対応に課題を感じるのは、このように教育の真のニーズが埋もれてしまうからなのです。時間とエネルギーははじめから「**子どもたちが安心して授業に参加できる中で、自分のできることを発揮し、できたことに自信や喜びを感じられる**」という先生の「届けたい教育」に焦点を当てて、その実現に向けられてほしいのです。良し悪し（大丈夫か否か）も「子どもたちが自分の力を発揮できているか」「安心して授業に参加しているか」「できたことが、その子の自信や喜びにつながっているか」を教育的手段の結果に照らし合わせてされるべきです。

先生と子どもたちは一期一会です。その時、その「届けたい教育」（作業）が子どもたちに届くことは、みんなの人生にとって重要なのです。

ゆいまわるでは常に「届けたい教育」に焦点を当て、先生の教育的手段の結果をチームで照らし合わせ、必要であれば戦略を変えて届けること（作業ができること）にこだわり続けることを重視しています。

Chapter 3

専門家の立場から気をつけること

何か重大なことが起こる、機能的な改善が見られる、チームの中の誰かが不安定になる、といった場面に遭遇すると、専門家は、その知識や技術を背景に、クライアントのために判断や選択を行う態度や行動をとってしまいます(パターナリズム)。そしてその専門家の態度や行動はチーム全体に強い影響を与え、アプローチの目的を「届けたい教育」から引き離し、従来の「問題の解決」にシフトしてしまう恐れがあります。

1) チームメンバーの不安定さへの対応

親の「心配」は気づきのサイン

ゆいまわるでは、ほぼ毎日ケーススタディが行われます。ある日、OTの嶺井裕子さんが清さんのお母さんについて話しました。

「清さんのお母さんは、いままで息子さんに対して、その子らしく生活できればいいと言っていました。

しかし、先日3歳児健診を受けてきて、他の子との違いを目の当たりにしたようです。お母さんは不安を感じていると話されていました」

このとき嶺井さんは、この情報を問題要素として話し始めました。なぜなら彼女は、**母親が不安を感じている=問題**と自動的に判断していたからです。このように先生や親が不安を感じれば、当然、良好な状況ではないと意識することは重要です。しかし、専門家が問題要素だけに注目し対応することが課題なのです。問題要素だけを見てしまうと、母親に対して傾聴したり、励ましたり、大丈夫であることを説明するかもしれません。

このことは、私も自分の息子の時に経験しました。保育園から息子が問題視されていることに対し、保健師さんに相談をしたときに「これぐらい問題ないわよ。大丈夫」と言われました。しかし、その助言では結局のところ、保育園生活を変えることはできませんでした。逆に保健師さんが「それは大変。これからのために対応すべきです」と保育園と一緒に問題を指摘していたら（私は作業療法士なので自分で判断できますが）、専門的な知識を持ち合わせていない一人の母親であれば、検査や専門家の助言に走ってしまっていたかもしれません。

このように私たち、専門家の一言一言は、クライアントに強い影響を与えます。そして、大丈夫と判断されても、そうでなかったとしても、結果的に私は、息子の「届けたい教育」を保育園と協業することはできないのです。

親が何かに心配や不安をもったとき、問題視せず、親が自分の作業に気づいたサインとして、その作業を一緒に探究することが大切なのです。

問題点も利点も「届けたい教育」に照らし合わせて考える

大丈夫か否か（何が問題点で、何が利点なのかということ）については、常にクライアントの「届けたい教育」に焦点を当てた判断を専門家はもたなければいけません。保護者が不安を話してくれたら、その不安は何に対して感じていて、どうなってほしいと思っているのかという対話を通して、親が望むことをまず理解すべきなのです。そして「届けたい教育」に対して、その子の状況が、どのようにマイナス（問題点）に、どのようにプラス（利点）に影響するのかということを、一緒に話していくことが重要です。

今回清さんのケーススタディでは、母親が健診で子ども同士が遊んでいる姿を見て、息子さんが他の子どもに興味を示さないことが不安になったようでした。このときの清さんのチームの目標は、①食事を友達とできる。②トイレに促されて行ける。③活動に切り替えて参加できるということでした。

これらの目標に対して、すでに清さんは食事もトイレも活動の切り替えも上手になっていました。今回、お母さんが健診で息子さんが他の子どもに興味を示さないことに気づいたことは、お母さんと清さんの関係が変化し、友達との交流という作業に価値をもつように親子が成長した結果でした。作業療法士は、この親子の変化をチームで認識し、もう一度「届けたい教育」を探究し直すことが必要でした。これは「届けたい教育」に焦点を当てて考えるからこそ気づけることなのです。

このように目標である「届けたい教育」について、私たち専門家が十分理解していなかったり、見失ったりしたまま、子どもの行動や保護者の不安などに対して個人的、一般的、専門的な評価をし始めると、専門家もクライアントも迷子になってしまいます。

ゆいまわるでは日々30分から45分のケーススタディを行っています。その中で、クライアントの作業ストーリーをスタッフ同士で互いにアウトプットすることで、改めて「届けたい教育」に焦点を当てているのかを確認することができます。このようなケーススタディを専門家同士で行うことは大変重要だと思っています。

COLUMN

母親の語り直しに寄り添った関わり

作業療法士　嶺井裕子

ケーススタディで「お母さんが健診で不安を感じたことが、清さんの目標を叶える上での問題要素となっているのだろうか」と質問された時、正直私はショックを受けました。お母さんが不安を感じたことを「問題」とすぐに自分が判断したことは、ごく自然なことだと思っていたからです。そのこと自体に、「何が問題か」と問いをもつ必要があることを知り、はじめて母親が不安を感じたことを、私自身が勝手に問題だと判断してしまっていることに気づきました。

お母さんが私に相談してくれた時、私の中には目標の存在が薄く、その不安と目標がどう関連しているのかという視点で考えることができずにいました。ケーススタディを通して「お母さんの目標が変わってきているかもしれない」と知り、そこをしっかり考える必要があったのだとわかりました。

清さんは、半年前まで友達のことも気にせず、集団に興味ももたず、一人の世界で生活しているようなお子さんでした。そんな男の子が、ここ最近、友達を見て、友達を追いかけて、友達を覗き込んで、友達を真似しているような姿もあって、友達を意識して集団の中に入っていこうとしていました。2週間後、お母さんと行った面談で、そんな清さんの成長を、お母さんがとても大切にしていることを知ったのです。

「清さんについて最近気になることや、成長したなと感じることはありますか」と問いかけると、お母さんは〝自分の頭に鳩が乗った〟という、家族で外出した時の出来事を、清さんが言葉で表現したことについて話してくれました。お母さんは、彼が自分の生活について人に伝えられるほど、リアルに捉えられていると喜びました。自分の意思を伝えようとしていることや、清さんが弟キャラ的にみんなに慕われて、助けられながら生活を楽しめていることなど、清さんの生活の変化に、お母さんが感動していることもわかりました。

私が、身の回りのことができるようになることを共に目指していたお母さんは、もうそこにはいませんでした。いまのお母さんが描く息子さんのこれからの生活には、友達が自然といたのでした。

その後のチーム会議でも園の先生から、清さんが友達に「おはよう」と挨拶をしたことや、友達も清さんのことが大好きであること、自然と助けてくれるようになっていることが共有され、清さんが友達のいる世界で成長していることを、家庭でも園でも注目するようになってきました。

こうして私たちチームの目標は、①食事：マナーやルールを意識しながら、友達と楽しく食事をする、②トイレ：できると思える環境下で自ら挑戦できる、③友達：友達と活動を共有し相手に合わせることを学ぶという内容に発展しました。そして、清さんが友達と一緒に体験ができ、その中で気持ちを共有するためには、どうしたらいいのか作戦を立てるなど、取り組みもどんどん変わっていきました。この目標になって3か月後の現在、清さんは挨拶上手で、誰にでもニコニコと関わろうとするほどに成長し、自分からコミュニケーションをとろうと積極的にきっかけをつくっています。

それをうれしそうに見守るお母さんには、他者と交わる機会が増えた清さんに対して、また新しい不安や心配が湧いてくるかもしれません。しかし、その思いを聞いた時には、「本当にそれが問題なのか」と、クライアントの叶えたい目標に焦点を当て続けることで、お母さんの語りの本当の意味をキャッチしたいです。

私は今回のケーススタディを通して、不安の語りは必ずしも問題ではないこと、クライアントの叶えたい目標は、生き物のように変化することに気づかされました。不安が生じたのは成長を感じたがゆえの選択肢の広がりによるものであり、お母さんが「不安だ」と言った本当の意味を、知ろうとする必要があることを学びました。

2 機能の向上は「届けたい教育」を見失いやすい

子どもができるようになったことを、先生や親が目の当たりにして喜び、感情的に発展的に「次はこれをしてみよう！」「これにも参加してほしい」と感じて行動を起こしたり、本人がさまざまな作業に広がりを与えたりすることは、作業の連鎖であり、それは自然なことで、作業療法においても目標とするところです。

しかし、ある特定の機能にだけフォーカスして、その変化や成長を目の当たりにすると、もっとその機能は向上するのではないかという期待につながることがあります。そのこと自体は問題ではありません、むしろ機能の向上はいいことです。

しかし、機能向上だけに着目することは「届けたい教育」を見失うリスクもあります。そしてそれは、専門家の発見や助言によって強化されるのです。ゆいまわるでも機能の向上を目の当たりにしやすい療育スタッフのケーススタディで、そのリスクはよく登場します。

「○○さんは最近、友達がそばに来ても、泣かなくなりました。なので次回は、集団の遊びに参加させてみようと思っています」

「トランポリンをまっすぐ跳べるようになって、眼球運動も安定してきました。なので、トランポリンで跳びながら的当てなども次からはいいかと思います」

「○○ちゃんは手先が器用なので今度、一緒に季節の制作をやってみようと思っています」

これらのケースの情報は一見、何も課題はないように感じます。そのため気をつけないと、このままいい流れとして通過してしまうのです。集団遊びの参加も、トランポリンを跳びながらの的当ても、制作への参加も、どのプランも間違いではありません。**課題は、人の機能や能力だけにフォーカスされ、その改善や能力的に合わせることだけが立案目的となっていること**なのです。

この人の機能にフォーカスし、できる・できないで物事を決めていく、能力に合わせた活動の提供は福祉や医療、学校での特別支援教育でもよく登場します。何度も言いますが、その子の能力に合わせることが問題なのではありません。能力だけに合わせた活動を目標とすることに課題を呈しているのです。能力だけに合わせた課題は彩月さんのカンポックリ（47ページ参照）と一緒です。それができることに何らかの感動があったとしても、「次」につながらない（連鎖しない）のです。私たちは、どんな時でも常に「届けたい教育」（作業）ができることという目的を見失ってはいけないのです。

COLUMN

緊張しやすい僕でもできる面談を考えて

作業療法士　小谷和樹

「充希さんとかくれんぼをした時、鬼の彼はスタッフみんなを見つけた後、一人ひとり指を指していました。見つけたんだと、その場の人に伝えているようでした。どう思いますか。成長していますね！」

充希さんは1か月前まで、療育場面では一人でトランポリンなどをして遊ぶことが多く、スタッフであっても一緒に遊ぶことがなかったお子さんでした。私はそんな彼が、ルールを意識して参加し、見つけられた事実をその場の人と共有しようとしていたことを喜び、そのことを仲間さんに伝えました。

しかし仲間さんから「能力の素晴らしい向上だね。それは喜ばしいことだ。ところで、その能力の向上は充希さんの生活の何を変えることが期待できるの？」と問われました。私は言葉に詰まってしまいました。なぜならその時、私は生活への影響を意識せず、充希さんの能力UPにただ喜んだことを知ったからでした。

私は親と充希さんが望む生活についての話を十分に聞けていないことにも気づきました。充希さんの成長を、生活に広がりをもたせられる力につなげるために、もっと届けたい教育を探究する必要があるのだと実感しました。

私は「この目標の形態はこれで、意味はこうなんだ」と面談の際に決めつけてしまう傾向がありました。私自身が目標に対して凝り固まった視点をもっているために、保護者が自由に、目標について語れるような面談になっていなかったと思います。

私自身、対人交流に対して緊張が強く、それが面談相手にも伝わってしまいます。さらに、相手の語りから広げていく余裕もありませんでした。

そのことを仲間さんに相談すると、「それは悪いことではない」と話してくれました。

仲間さんは「問題点は緊張のあまり一方的に話してしまうことであり、一方で利点としては、一生懸命で、頑張っていることが相手に伝わることだ」と教えてくれました。さらにまだ24歳で弟のような素敵な表情も、出会う保護者や先生の多くが、自分よりも人生の先輩が多い面談では利点だとも教えてくれました。

仲間さんは、自分のキャラクターにあった面談方法を考えることが大切だと、私のキャラクターにあった面談について一緒に考えることとなりました。

私が一方的に話すことなく、緊張はしているけど、一生懸命、頑張ることが保護者の語りを後押しする方法として『Blooming Dialogue』を考えてもらいました。

Blooming Dialogueは、目標を花の中心に据え、その目標にまつわるエピソードや想いを親に語ってもらいながら花びらを増やしていきます。視覚的に確認してもらいながら、一緒に目標のストーリーを広げていくことができます。私にとって、この面談方法は羅針盤のような働きをしてくれました。

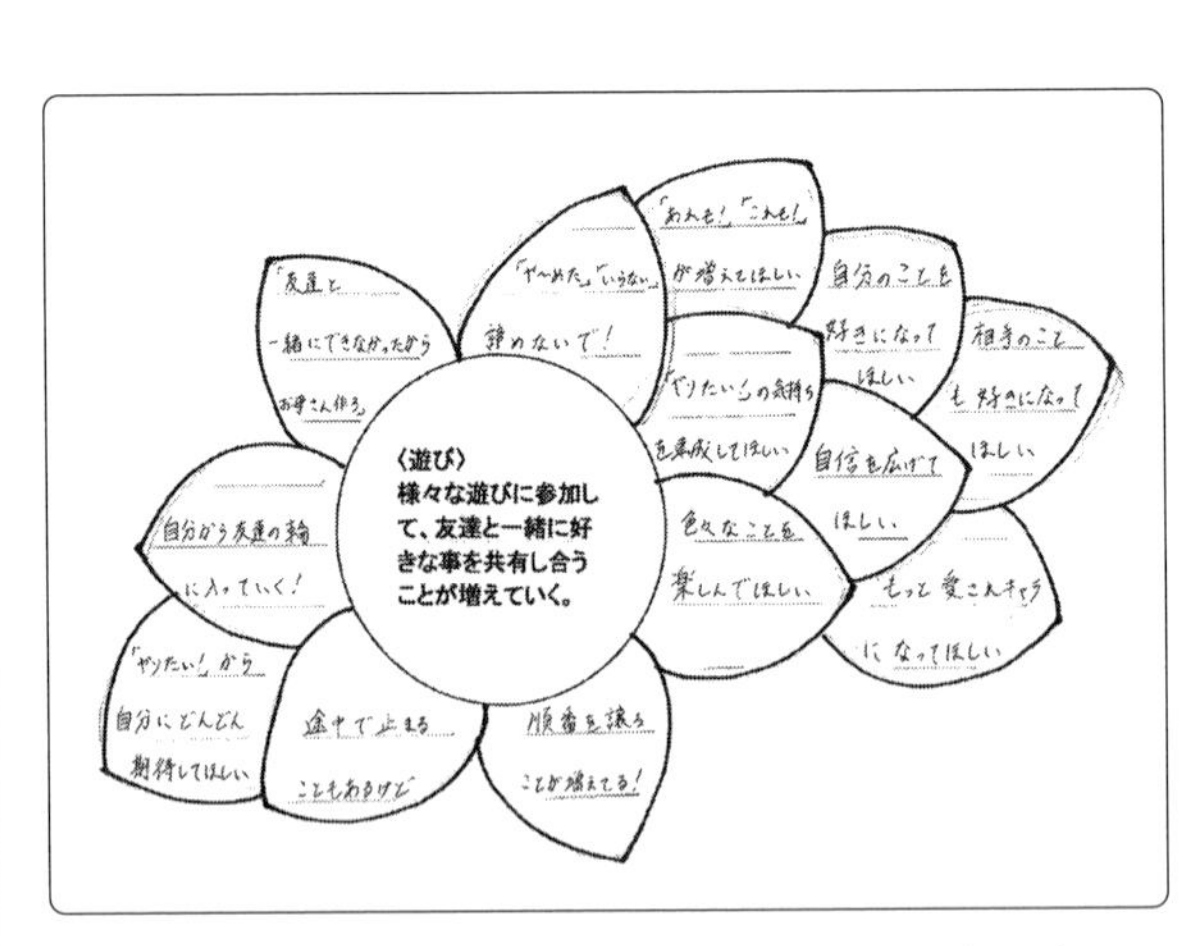

長期目標（届けたい教育）：いろいろなことを思い切り楽しんで、集団や地域の中で安心してチャレンジすることが増えていく。

Chapter 4

「届けたい教育」のためのチームづくり

1 学校の現状と専門家の関わり

日本の教育は、誰もが人格と個性を尊重し、支え合い、人々の多様なあり方を相互に認め合える共存社会の実現に向け、インクルーシブ教育システムの構築に取り組んでいます。その実現に教員だけでなく、専門家の活用も必要とされています。さらに近年、子どもや家庭、地域社会の変容に伴い、生徒指導や特別支援教育等に関わる課題が複雑化・多様化してきており、先生だけでは十分に解決できないことが増えています。これらのことは学校への専門家の活用の必要性を後押ししています。[*3]

それでは、専門家と先生は、どのような関係で関わることが求められているのでしょうか。2015（平成27）年12月21日に中央教育審議会で取りまとめられた「チームとしての学校の在り方と今後の改善方策について[*4]」、専門家と先生のあり方については次のようにまとめられています。

- 学校の教育目標の下に教員と多様な専門性をもつ職員が一つのチームとして、それぞれの専門性を生かして協働するなかで、**教職員一人ひとりが力を発揮すること**が求められている。
- 学校を支援する専門家は、**多様性のある子どもたちが互いに尊重し合いながら学ぶ**中で、最大限発達できることを、**教員が中心となり主体的に取り組める**ように支えることが重要である。（要約）

このように、先生が中心となりチームを構成することができ、さらに先生がエンパワメントできる関わりが、学校へ関わる専門家に求められています。

「問題行動の解決」を通した先生と専門家の関係（支援する側・される側の関係）

先生と専門家の関係のあり方が大変重要であるにもかかわらず、その構築は難しいものでもあります。従来より、専門家はクライアントを「支援を要する特別な人」として理解する傾向にあり、クライアントもまた専門家を何らかの専門的な支援を提供する特別な人として考える傾向にあります。*5 そのため先生は専門家を、子どもの問題行動を解決してくれる人として認識しており、相談内容も問題行動の原因や解決方法を聞く傾向にあります。

ある市町村に作業療法士の学校への関わりについて話し合いをした時、教育委員会の課長が専門家の介入に不安を呈していました。話を聞くと次のようにおっしゃっていました。

「以前、巡回してくれていた心理士が、対象となっている子どもの発達特性とその特性に合わせた関わり方について学校に指導したことがある。その時学校の先生たちに不快な思いをさせてしまい、それ以来、学校は専門家の介入に警戒しています。実はその時の担任の先生は学級経営に四苦八苦していました。それにもかかわらず、心理士からさらにあれもこれもやらないといけないと説明され、先生は追い込まれることになったのです」

これはまさに、現場からよく聞く悲鳴です。「もうすでに専門家が介入している。新たな専門家からまた別の助言を受けたら、先生が対応しきれない」といった悩みもこれと同様だと私は感じています。

専門家の介入が不安視される理由

専門家の助言によって先生の生活（学級経営）が不安定になるのはなぜでしょう。

理由の一つに**専門家と先生との不適切な権力関係をつくってしまうこと**があげられます。問題の解決に焦点が当たる場合、問題の原因やその原因の対応を一番知っている専門家に解決方法は委ねられる傾向にあります。

先生に代わって、発達障害について知識のある専門家が支援方針や方法を決めるほうがよいと考えるパターナリズムが生じることもあります。先生がこのような状況になっても違和感を抱かないまま、専門家に助言を仰ぎ続けるような不均衡な権力関係が出来上がってしまうと、先生は自分の希望を容易に主張することはできません。それどころか、そもそも何のためにその子に関わりたいのかも見失うこともあります。たとえ違和感があっても、その支援自体を拒否することも難しい状況になります。

もう一つの理由として、**専門家が現象に枠組みをつけること**があげられます。専門家が子どもたちの問題行動の原因を分析する際、専門的な用語を使う傾向にあります。そのため、先生が相談している内容から、特定の行動に枠組みをつけるリスクがあります。さらに、それらの切り取られた行動に、ＡＤＨＤや自閉症など専門的な用語で問題が名づけられると、それは治療的努力を払わなければならない、強制力をもった実体となります。そのことがなぜ課題になるのかについては、「先生の教育の目的を理解する」（88ページ参照）で述べました。「届けたい教育」が消えてしまい、問題行動の対応が取り組むべき課題として強制力をもちはじめるからです。

もちろん、すべての専門家が権力関係や行動の枠組みに注意を払っていないわけではありません。しかし、これらの現象は専門家と先生との自然な取り組みの流れの中で発生し、気づかれないことが多いのです。「問題行動の解決」を介した専門家と先生の関係は、先生の真のニーズや解決への自由な選択に、先生自身が力をもてなくする恐れがあるのです。

2 学校でのチームアプローチの実際

学校でのチーム会議では担任の先生と保護者、本人がコアメンバーとして、その他にも「届けたい教育」の実現に必要なメンバーを集めます。特別支援教育コーディネーター、校長・教頭、支援員、スクールソーシャルワーカー・スクールカウンセラー、養護教諭、福祉サービス関係者、民生委員、自治会、学童保育指導員、役場（障害福祉課・子ども課・子ども家庭相談課・教育委員会等）、委託相談員、適応指導教室、児童相談所、青少年サポートセンター、県教育センターなど、学校ではさまざまなメンバーが想定されます。

どのようなメンバーをチーム会議に参加してもらうのかはコアメンバーで決めます。その際も学校の文化やルールを尊重することも重要です。

●学校以外の関係者も含めてチームを組んだ事例

小学5年生の浩也さんのチームでは、学校の近くの就労支援事業所（支援事業所）の所長さんや自治会長さんがチームに加わったことがあります。浩也さんは学校で落ち着かず、注意されると精神的にも不安定になり学校を飛び出していました。飛び出すと必ず学校近くにある支援事業所に立ち寄り、そこで指導員の方とお話ししたり、台所の片づけを手伝ったりしていました。

家庭事情で当時は朝ごはんを食べてこないことが多く、浩也さんは登校途中に支援事業所に立ち寄り、職員と一緒に冷蔵庫の牛乳をもらったりしていました。浩也さんにとって支援事業所は居場所となっていて、そこで相談できる指導員や所長さんの存在はいまの自分をつなぎ止める重要な存在でもありました。同じように放課後になると近くの自治会館に寄って、自治会のお手伝いをしていることもありました。やはり自治会長さんも彼にとって重要な人物でした。

浩也さんの学校での衝動的な行動は、ただ授業が嫌だとかそういった端的なことではなく、彼自身が、自分の社会的アイデンティティを模索しているからだとチームで共有し、社会的アイデンティティを色づけてくれている、所長さんと自治会長さんのチームへの参加の重要性を校長先生にも説明して、このチームに参加をお願いすることとなりました。この会議には浩也さんも毎回参加しました。

学校では浩也さんにチャレンジの場を与え、うまくいかなかったときに担任の先生と養護教諭が心を支えました。それでも苦しいときに、学校にいることを強いると窓ガラスを割ったり、授業時間にさまざまなクラスの他児童を連ねて学校を徘徊したり、勝手にサッカーをしてしまったりと、対応が難しい行動につながってしまいます。そんな時は、応援はするけど苦しかったら支援事業所に逃げ込むことをこっそり了承しました。ただし、浩也さんには、そこ以外に行くことは本当にみんなに心配をかけることも説明しました。浩也さんは、時間はかかりましたが5年生の終わりには、学校で過ごすことができるようになり、支援事業所や自治会館を使うことはなくなりました。

毎月のチーム会議について浩也さんは「僕の会議はいつ？　決まったら教えてね。僕が誘いたい人を誘うから」といつも笑顔で言っていました。浩也さんにとって必要な応援団が集まるチーム会議は、情報を共有するだけでなく、浩也さんの社会的アイデンティティを保障し、育てる場でもあったのです。浩也さんは中学校に行っても、半年間は放課後に小学校に遊びにきて、元担任の先生に制服を見せたり、学校でのことを話しにきていました。

3) 作業療法士が入るチームへの効果　ＳＳＷの立場から

金城　愛（社会福祉士／保育士／公認心理師）

プロフィール●大阪府立大学（現：大阪公立大学）／社会福祉専攻。結婚を機に沖縄へ。スクールソーシャルワーカー（ＳＳＷ）として沖縄県内の学校に2年半勤務し、現在は、こどもセンターゆいまわるで相談支援専門員として従事している。群馬県出身。

●学校でチームを組むことの難しさ

学校でチームを組むことについて、ＳＳＷの視点から考えられる難しさが2点あります。1点目は情報共有の難しさ、2点目は学校と地域や外部機関との連携です。

①支援者が多くなると情報の共有が難しくなる

小学校では、担任の先生がクラスづくりの中心になります。浩也さんのように、クールダウンを必要としたときに、時々、クラスから、時には校外に出てしまうお子さんもいます。担任の先生は他の児童もいるので、クラスから出て行ってしまうお子さんをすぐに追いかけることができない時もあります。そのため、校長先生や教頭先生、他のクラスの先生、養護教諭、特別支援員やSSW、その他、事務の職員や用務員さん等々、たくさんの方々がクラスから飛び出してきたお子さんに関わることがあります。

SSWの役割はいくつかありますが、このようにクラスを飛び出してしまった子の見守りなども時には担当します。また前述のように児童への支援者が多くなっていた場合、情報の整理もします。そして管理職や担任の先生、本人を取り巻く支援者の中で、支援の方針と支援者との情報共有などを日頃から行なっています。それでも、たくさんの職員や支援者がお子さんに関わっているケースの場合、お子さんの支援の方向性を全員に周知していくことは難しく感じました。時に、方針や支援の行き違いを生んでしまい、お子さんがさらに不安定になってしまう場合もあります。

②学校と地域や外部機関との連携

保護者や地域の事業所、自治会等から見て、学校はどこか入りにくい雰囲気があるかもしれません。でも実は、学校側もマンパワーが不足しており、地域の方々や外部の力をうまく借りたいと思っていることも多いのです。しかし、学校は大切な子どもたちの命を預かっており、それに付随する規則もあり、誰でも入れるわけにはいかない場合もあります（これは学校や地域によって大きく差があるかもしれません。地域と一体化している学校も全国にはたくさん存在しています）。地域と学校の双方が日頃からうまくコミュニケーションをとれない場合、地域や外部機関を巻き込んだチームをつくることはさらに難しい場合が多いと思われます。

そこでSSWの役割としては、学校と地域や保護者、外部機関との「つながり」になれるように、日頃から自治会の方や保護者、行政の職員などと話をするため、学校の外に出向くこともよくあります。教頭先生と近隣の事業所へ見学や挨拶に行ったこともあります。

今回の浩也さんの場合は、浩也さん自身が地域の人に愛され、自らもチームづくりに貢献していたので、学校内外にたくさんの応援する人をつくることができました。また、校長先生、教頭先生をはじめ、浩也さんの学校の先生たちは、保護者や地域の方々との交流をとても大切にされていました。そのため、学校以外の関係者の方がチームに入ることも、非常にスムーズだったと感じました。

チームに作業療法士が入ることの効果

支援者会議をすると、問題に焦点が当たってしまうことが多いのですが、チームに作業療法士が入ることで、問題行動をただ解決しようとするのではなく、問題が起きてしまう「背景」に目を向けることができます。そしてそのことは、子どもが望んでいる生活や、自分たちがそのためにできることを考える「きっかけ」を与えてくれることになります。

例えば、児童が教室から飛び出してしまったり、危険と思われるような行為に及ぶと、学校の先生たちは子どもたちの安心・安全を優先にするため、その問題行動に目が向き、「指導」という立場をとらざるを得ません。それは、学校という集団生活の中で子どもの命を守るために大切な教育でもあります。こうした行動を取るお子さんのケースに作業療法士が入ると、問題とされている行動には、実はその子どもたちそれぞれの「背景」があるのだ、ということが理解できるようになります。その「背景」が作業療法士によって紐解かれた時、その子自身だけではいまは、どうしても乗り越えられないことが存在し、子ども自身が本当は一番苦しんでいるのだ、ということに気づかされます。

ここで、チームの目指す方向が変わる瞬間があります。先生たちや保護者は「自分たちの力でも何かできることがあるのではないか？」と問題行動のその先にある可能性に目を向けられるようになります。問題解決のフェーズから、未来をつくるフェーズに変わるのです。その段階からは、作業療法士はお子さん自身が望んでいる生活を送れるように、先生や保護者、その他のチームの人たちから出たアイデアをみんなで一緒に考え、形にするために併走してくれる存在になっています。

浩也さんは、行動は一見すると、衝動的で周囲の人が驚くこともありましたが、ポロッと出る本音を聞くと、本当はみんなと一緒に勉強したいんだな、人を傷つけたくないんだろうな、ということがよくわかるお子さんでした。担任の先生は、とても一生懸命、浩也さんとご家族に関わっていらっしゃいました。浩也さんも、態度や言動はチグハグな時もありましたが、担任の先生のことをとても頼っているんだろうな、と感じました。他の先生たちもみんな、浩也さんを応援していることがよく理解できましたし、時にはサポートがうまくいかないこともありましたが、それでも本人の成長をいつもみんなが望んでいました。

ある日、浩也さんが学校を飛び出して、近所の事業所でクールダウンしているところに、私が迎えに行ったことがあります。その事業所は、浩也さんを見守ってくれる地域のあたたかい場所でした。事業所から学校に戻る道で、家族や兄弟のことを話してくれる浩也さんの姿を見ていると、それは無邪気で穏やかな姿でした。その時、ふと作業療法士の話にあった、「学校」という集団に入った時の浩也さんの世界の見え方を思い出し、私は本当の浩也さんに出会った気がしました。私は、目の前で学校に向かって歩く浩也さんが、これからも安心して楽しく学校生活を送れるようになるといいな、と願ったことをいまでも思い出します。浩也さんは、チーム会議にも本人自身が参加してくれて、参加者みんなにお茶を配るなど微笑ましい姿も見せてくれました。本人が楽しんで参加する会議というのも、作業療法士がつくるチーム会議の特徴なんだろうと思います。その後、私は、学校の配置が変わり、浩也さんの卒業を見届けることはできませんでしたが、先生たちから「たくましく成長しているよ」というお話を聞いて、とてもうれしく感じています。

〈参考文献〉
＊1　Ruth Zemke, Florence Clark編著、佐藤剛監訳『作業科学―作業的存在としての人間の研究』三輪書店（1999）
＊2　平田オリザ著『わかりあえないことから―コミュニケーション能力とは何か』講談社現代新書（2012）
＊3　文部科学省「共生社会の形成に向けたインクルーシブ教育システム構築のための特別支援教育の推進」
https://www.mext.go.jp/b_menu/shingi/chukyo/chukyo3/siryo/attach/1325881.htm
＊4　文部科学省「『チームとしての学校』の在り方」
https://www.mext.go.jp/b_menu/shingi/chukyo/chukyo3/siryo/attach/1365408.htm
＊5　荒井浩道著『ナラティヴ・ソーシャルワーク〝〈支援〉しない支援〟の方法』新泉社（2014）

Part 3
「届けたい教育」をデザインする

仲間知穂

Chapter 1

チーム会議って何だろう

先生や親が専門家に支援を依頼する時は、すでにさまざまな問題の対応に追われ、不安を抱え、早急に問題をどうにかしたいと焦りを伴っている状況が多くあります。作業療法士はその状況にいる先生や親が安心して「届けたい教育」に視点をもって目標を設定できることを応援します。

そして、その目標の実現に先生と親が力をもてることを支えながら（エンパワメント）、学校と家庭が共に作戦会議をして、安心して楽しく叶えていけるような協働的なチームづくりに努めます。

1）チーム会議の目的とプロセス

〔チーム会議の目的〕

①問題への不安から「届けたい教育」に焦点を当てる視点をもつ。

②目標を共有する。

③ 協働的なチームをつくる。
④ 目標の実現をみんなでデザインする（エンパワメント）。

〔チーム会議の基本的なプロセス〕
① 会議の目的と役割の説明。
② 学校と家庭の状況共有。
③ 目標設定。
④ 情報共有（2回目以降はモニタリング）。
⑤ 先生を中心としたチームでのプランの立案（2回目以降は再プランの立案）。

となっています。実際の流れは、その場の状況に応じて変わります。

チーム会議は学校で開催するため、時間への配慮は大切です。通常、放課後の時間（16時頃）から開催されることが多く、45分～1時間以内に終えることが求められます。このようなチーム会議の場所や時間については、学校の文化や状況も影響してくるため、学校責任者と事前に打ち合わせする必要があります。

ADOC for School（ADOC－S）

筆者は面談にADOC－Sを活用することがあります。学校作業療法の面談は、複雑な状況に対応しながら行う必要があります。ADOC－Sはイラストを介してチームで視覚的に情報を共有することができ、面談の方向性もブレることがなく便利です。

ＡＤＯＣ－Ｓ（Aid for Decision-making in Occupation Choice for school）は、教育支援計画書を作成するためのiOS/Androidアプリです。教育支援計画書の策定は、本人や保護者と先生との信頼関係を左右する重要なプロセスです。そのためＡＤＯＣ－Ｓは学校と家庭がチームとなって、子どもの社会参加の支援に向けた目標を立てること、「使える」教育支援計画書を作成できることを目的としています。

具体的には、教員と保護者、作業療法士などの支援の専門家、そして、対象となる子ども本人が一緒に68枚のイラストを見たり、画面を触ったりしながら語り合うことにより、関係者全員で社会参加をベースとした目標を決定する機能のほか、そこで作成した目標達成プランをＰＤＦなどで作成することができます。

目的と役割を共有することの重要性

初回会議では、チームメンバーの紹介と面談の目的の説明から入ります。学校と家庭の連携状況はケースバイケースで、状況に応じ可能であれば初回から一緒に面談を行います。不安が強いケースや、学校の文化的に家庭の介入に慣れていない現場もあります。そのような現場ではまず別々に面談を行い、状況の変化を見て一緒に行いますが、できるだけ

イラストや例文を選択していくだけで
個別支援計画書のアウトラインを作ることができる

目標

文言

© NPO法人 ADOC Project.

早く一緒に面談することが重要なため、状況の変化を起こせる関わりを積極的に行います。

会議の目的を事前に説明することは、学校と家庭の主体的な参加とチームの協働関係の構築に重要です。「支援」を目的に集まった学校も家庭も専門家も、視点は問題解決にあり、いまから語り出すことには、先生も親も大きな不安を抱えさせるからです（64ページ参照）。

「届けたい教育」のチーム会議はそうではありません。この子に「届けたい教育」は何だろうかとこれから希望を語り合うのです。まずはじめに会議の目的の説明を通してそのことを、しっかりと認識してもらうことが重要なのです。

筆者は「先生や親御さんが、お子さんにできるようになってほしいと期待することや、その子自身のやりたいことは、いま届けるべき大切な教育です。作業療法の目的は、その『届けたい教育』を、その子の力を最大限発揮してクラスの中でできるよう、先生が安心して取り組めることです。そのため、まずチームの『届けたい教育』を明確にし、目標として共有したいと思います」と説明しています。

2 チーム会議は対話（ダイアログ）の場

「届けたい教育」のためのチーム会議は、通常の支援者会議のような実態把握や状況の説明、学校や家庭、児童デイで行なっていることを説明し合うような「報告」でもなければ、情報を比較してどれがいいかを決めていく「評価」でもありません。

これまで書いてきたように、私たちがこの子に本当に届けたいことは何なのだろうと、先生や親がそれぞれの思いや願い、不安や悩みなど、互いの視点や経験を尊重し、共感し合いながら行う相互作用的なコミュニケーション（対話）です。

そのために大切なことは、お互いが相手の視点や経験を尊重できるような心理的安全の場を提供することが重要なのです。

私が病院で作業療法士として働いている時の支援者会議では、クライアント（患者と家族）はほとんど話さず、各担当者（医師・看護師・PT・OT・ST）がそれぞれの部署の立場から評価や分析内容を報告し合い、そこから実現可能な生活について医師が中心となって患者に伝えるような一方通行的な会議でした。もう15年前になりますので、いまは違っているかもしれません。しかし、私の病院勤務の頃と比較すると、学校作業療法のチーム会議はまったく違った目的とスタイルをもっています。

学校作業療法での話し合いは「チーム会議」と言っていますが、話し合いの中で最も重要なことは「届けたい教育」が何であるのか、そこに込められた思いや意味、価値を対話を通して互いにシェアすることで、それが叶うことにチームとして価値を見出し、そして、どうしたら叶えられるのかの作戦会議をすることです。どんな時でもこの〝対話〟を意識します。本書では〝面談〟や〝会議〟として出てきますが、常にそこで行われることは対話です。

一般に日本社会は、ほぼ同質の価値観や生活習慣をもった者同士の集合体＝ムラ社会を基本として構成され、その中で独自の文化を培ってきたため、この「対話」という概念が希薄です。そのためチーム会議では、積極的に対話ができる環境を作業療法士はつくります。

3 チーム会議のはじめ方

対話の場であるチーム会議は互いの関係がフラットで心理的に安全な環境でなくてはいけません。しかし、多くの会議はお互いの対話を通して、徐々にフラットな関係をつくっていきます。場合によっては、チーム会議を設定する前に、そのフラットな関係性をつくる準備をすることもあります。そんなチーム会議のスタートについて説明します。

語りの糸口

「先生に『届けたい教育』を聞いたが、うまく話してもらえず困らせてしまった」

先日行われた学校作業療法の実践家たちとの勉強会で、うまくいかないことについて、この話題が出ました。実はそれは当然のことなのです。先生は私たちのことを、問題を解決する専門家と思っていますし、それだけでなく問題の対応に追われてきた先生がいきなり「『届けたい教育』は何ですか」と聞かれても先生自身が自分の本当にやりたいことに視点を向けることができるわけではありません。

語りの糸口は、まず、先生が話しやすいことであれば何でもいいのです。しかしその際、どのような状況でも面談の目的から外れないように、語りの糸口を常に「届けたい教育」に結びながら紐解いていくことが重要です。

筆者は事前に「先生が問題を感じるのは、いまできるようになってほしいという思いがあるからではありませんか？ 先生の感じている問題は『届けたい教育』の入り口なのです。ぜひ、その入り口をみんなで共有しましょう」と伝えてチーム会議を進めます。

このたとえ、問題と感じる行動から話があがっても**すべては「届けたい教育」につながっているという認識をシェアすること**は、学校と家庭が安心して語れる環境づくりに大変重要です。この認識をシェアせずに会議を進めれば、先生も親も互いに相手に気を遣って言葉を選び続けます。問題がたくさん出てくることは「不安」として会議の空気を濁していきます。

しかし、この認識がシェアされたチーム会議では、問題と感じる行動が出れば出るほど心地よいものとされます。常にチームは「こんなに『届けたい教育』の入り口があるのだ」と問題の数は、届けたいことの数として認識されます。チーム会議では語りやすさ（心理的安全）は絶対条件です。

語りの糸口には、学校と家庭が問題を感じていること以外にも、これまで取り組んできたこと、最近のエピソード、その子の得意なこと、最近、成長を感じることなどがあげられます。

さらにこの語りの糸口は、先生と親が一番注目していることを互いに知る機会としての役割ももっています。学校は学習や対人交流などが中心になりやすく、家庭では朝の支度や家族関係、放課後の過ごし方について注目していることが多い。互いの環境から見えてくることの共有によって、幅広い生活の状況を把握する（実態把握）ことにも役立ちます。

チーム会議の事前準備

チーム会議は会議室に集合する前に、学校と家庭が安心して語り合えるための事前準備も重要です。

〔学校と家庭の関係が不安だった事例〕

ある小学2年生の男の子（晴人さん）のチームでは、学校がお母さんに対して強い不安を感じていました。お母さんは以前から学校側に無理難題と感じるような要求をして、それに対応できないと教育委員会に連絡するなど、ことを荒立ててしまうことがあったそうです。私はチームとして語り合えるためには、チームとして取り組む目的を事前に学校と家庭に共有することが重要であると理解し、その調整から始めました。

まずは互いが一番不安に感じている点を聞き（一番話しやすい内容であったため）、さらにそこから本当は、どのような関係を築けることを願っているのかを理解していきました。「これまでの関係性はどうでしたか？」と聞くと、お互いが相手に不安を感じていることを話してくれます。その内容は一見、互いの距離を空けてしまうように思われますが、怒りや不安という負の感情であれ、その感情のベクトルの直線上には、必ず真のニーズが見え隠れします。本当は、どのように連携したいのかという、真のニーズを丁寧に引き出していきます。

学校が話し始めた不安は朝の送迎のことでした。以前、お母さんから学校の近くの信号まで息子を迎えにきてほしいという依頼があったそうです。それができないと断った折に何度も訴えられ、先生たちはお母さんに対して「無理難題を押しつける」という認識をもっていました。

しかしその話の中で、先生は晴人さんが「お母さんに認められたい」という思いをもって学校生活を頑張っていることを話してくれました。学校はその晴人さんの気持ちをお母さんと一緒に育みたいと願っていたのでした。

晴人さんは学校生活に緊張が高く、その緊張からうまくできないことが多く、その状態に本人も納得できずに強く周囲に反発することがありました。しかし本当は、できるようになりたいと、人が見ていないところでこっそり鉄棒を練習しており、先生はそんな陰で頑張る晴人さんが大好きでした。だからこそお母さんと楽しく連携したかったのです。

お母さんとの面談では「学校はシングルマザーに厳しい」という話題から始まりました。お母さんの不安の土台には、以前、学校から晴人さんの状況に対し、愛着形成が原因ではないかと指摘されたことがありました。お母さんはそのことがあまりにもショックで、それ以来、学校を信頼していないと話していました。学校側に依頼した登校支援も母親として大変な中、頑張っていることを見せたいという意図もあったようでした。お母さんは、母親として学校に認められたいという願いをもっていることを私は知りました。

このような互いの状態でチーム会議をすぐに行うことは適切ではないと判断し、まずはお母さんのニーズである「母親としての承認」を私がすることで、学校への攻撃的な感情を和らげつつ、学校の取り組みと母親の頑張りを織り交ぜて、状況を双方に共有することから始めました。

できない不安から教室に入りづらい晴人さんに、学校は簡易鉄棒を準備して保健室で練習させてくれていました。そんな学校の取り組みについて、「晴人さんがお母さんに、できたことを伝えたいそうです。晴人さんはお母さんのことが好きなんですねと先生は言ってましたよ」と〝**お母さんの存在**〟を織り込みながら共有しました。お母さんは「そうなんですね。晴人はよく学校でできたことを言ってくれるから、そうか、私にやっぱり伝えたいんですね。学校もそれを応援してくれてうれしい」と喜びました。

やがてお母さんが自分から、学校で取り組んでくれていることを私にも伝えてくれるようになり、その言葉に安心と感謝の気持ちが芽生えてきた頃に、学校と家庭のチーム会議を設定しました。関わり始めて1か月半が経っていましたが、すぐに急いでやるよりもずっと安心してみんなが集まることができました。

実際にチーム会議は笑顔と、毎日うまくできないことをこっそり練習する晴人さんのユニークな一面を、双方で喜んで共有し合うようなわいわいと賑やかなものとなりました。


事前準備はケースバイケースですが、今回のように学校と家庭の関係性がチーム会議を行うにあたり準備できていない時は特に必要です。大切なことは「届けたい教育」を共有できる準備が整っているのか、安心して楽しく会議ができるのかについて、専門家はしっかりと見極める必要があります。どこかに心配があれば、必ず会議の前に準備を積んでおく必要があります。

4 語りにくさへの配慮

「語り」は語る相手との関係性や、その人の状況、子育てや教育について、これまでの経験、その場の雰囲気などさまざまなことに影響を受けます。

語ることの不安

保護者はこれまで発達障がいのことや、子どもの行動に対する周囲の評価・指摘など、子育ての過程で多くの不安と向き合ってきています。先生もまた、保護者との関係を心配したり、対応できないことをお願いされることを不安に感じていたり、専門家に対し、自分の教育が評価されるかもしれないと怯えていることもあります。

そのためチーム会議の場では、親も先生もそれぞれに不安や警戒を伴っていることがあります。そして、不安は本当に語りたいことを隠し、「不安を解決する」「相手に理解させる」「相手を牽制する」「自分を守る」などの個人的な目的を果たすための会話にしてしまいます。そのように語りを制限すること（ドミナントストーリー）にはどのようなものがあるでしょうか。

□役割にとらわれたストーリー

親や先生はその役割に対し、一般的にこうあるべきという姿にとらわれていることがあります。そのため、その期待されている姿以外の語りは避ける傾向があります。

例えば、朝の起床や支度がうまくいかず時間がかかってしまうお子さんに対し、母親自身も仕事の出勤時間のこともあり、どうしても朝ごはんをあげる時間が十分にもてないことについて、母親はそのことを会議の場で出さないことがあります。それは母親として不適切だとそのお母さんが個人的に感じてしまっているからです。もし出せたとしても「ちゃんと朝ごはんはあげないといけないと思っているのに、この子の寝起きが悪くて起きてくれないからあげる時間がないんですよ」と話してくれるかもしれません。

この場合、この語りには、次のことが含まれていると認識しなくてはいけません。

・朝ごはんについて「ちゃんとあげること」を望んでいる。
・母親の役割として、朝ごはんは提供すべきことであると認識している。

前者はこのお母さんの子育ての真のニーズですが、後者は役割としてのドミナントストーリーからでた必要なこととして話しています。さて、そのような〇〇すべきに支配されたニーズは、真のニーズなのでしょうか。

以前このようなお母さんの語りを紐解いていった時、最終的にお母さんは、こんなことを話してくれました。

「朝からイライラしたくない。私もこの子も楽しくスタートさせてあげたいのに、朝ごはんをあげられなかった時、私はいつも車の中で、この子に支度の遅さについてさらに注意してしまう。とてもイライラしてしまうし、注意されているこの子も泣いてしまうこともあるんです。1日気持ちよく頑張れるように、行ってきます！って笑顔でスタートできるようにしたいのに……」

このお母さんの真のニーズは、1日を気持ちよく頑張ることができるように、娘さんと一緒に楽しい朝のスタートを切りたいということでした。もしも、「ちゃんと朝ごはんをあげる」を語りとして、そのまま受け取ってしまっていたら、チームは朝ごはんをあげることに専念していました。

このようにクライアントの語りが〝母親〟や〝先生〟など、一般的な役割に合わせた語りではないか理解する必要があります。

□ 問題の原因にとらわれたストーリー

問題の原因に長く取り組んできた親や先生は、その知識や方法に固執した語りから抜け出せないことがあります。

《発達障がいの対応にこだわるケース》

先生や親が発達障がいへの対応方法を医療関係者や本、テレビなどの情報から学んだことで、そう対応することが重要であると決めてしまう場合があります。

例えば「うちの子にはルーティーンな朝の活動があるので、他の子がそれを邪魔しないように先生に関わってもらいたい」という語りは、自閉症なので、こうすべきだという発達障がいへの対応に語りが固執している可能性があります。

そもそも「朝の活動を保持してもらうこと」で、お母さんは何を願っているのでしょうか。この大切な何を願っているのか、という真のニーズはまだ共有できていないのに、方法だけが先走りしてしまうことは大変もったいないことでもあります。

《問題の原因にこだわるケース》

問題の原因を限定してしまい、それに対処をしてもらうことにこだわる場合があります。実際に筆者が関わったケースで、娘が教室に行けないのは先生の関わりのせいだと感じていた母親は「先生が強く話しかけるからウチの子は教室に行けなくなった。先生に距離をとってもらいたい」という意見に固執していました。

逆に学校が親の子育てに問題の原因を感じてこだわる場合もあります。よくあがることは「愛着障害」です。両親が子育てに時間をちゃんとかけてない、着替えや入浴を毎日管理できていない、休日にどこも連れていってもらえていないなど家庭状況に課題があると、子どもの問題行動にしたいして、愛着障害によるものであるという語りにこだわるケースがあります。このことはかなりの頻度で見られます。

ドミナントストーリーとは

特定の文化や社会で広く受け入れられている主流的な価値観や信念、期待を反映してつくりだされた物語があります。たとえば学校においては担任の先生として〇〇すべきとか、母親は〇〇であるべきだと認識されているようなことがあげられます。多くの場合、その文化や社会における「普通」や「正しい」とされるものを示しています。人は経験してきたことから、「きっと自分は〇〇だ」と認識を固めていることもあります。それぞれの人々がこのような価値や信念、経験から「私はこうである」「私たち家族はこうなのだ」と〝信じている〟ところの自己物語をドミナントストーリーと言います。このドミナントストーリーが、その人にさまざまな対象に対する「意味」を付与しています。そしてクライアントが関わる「問題」もまたドミナントストーリーによって生じていることが多くあります。

語ることの不安への配慮

基本的に語ることの不安は、どのケースでも存在します。そのため専門家は、面談の前に目的（「届けたい教育」を共有しチームで叶えていく）をチームで共有することが重要です。

役割や問題の原因などにとらわれた語りは、語る本人も気づいていないことが多く、その語りから離れることは容易ではありません。しかし、とらわれたままのドミナントストーリーからは、学校と家庭の「届けたい教育」の探究に進むことはできません。当然、その後のチームづくりや目標の実現に向けた主体的な取り組みにもつながりにくくなります。

実はこのドミナントストーリーでのニーズは、語る本人が自己の経験から〝信じている〟ことのため、語っている本人は気づくことがありません。周囲が「それはお母さんが気にしすぎてますよ」とか「先生がこだわっているだけで本当は違うでしょ」と指摘しても修正はできません。現場では特にこのような指摘はむしろ関係性を崩す元になります。大切なことは**本人が語り直しできる機会を提供していくこと**なのです。その上で子、親、先生それぞれが本当に望むことに気づけることを支えるのです。

作業療法ではこの語り直しをストーリーテリング・ストーリーメイキングで行っていきます。クライアントの作業について無知であり本当に知りたいという姿勢（無知の姿勢）をもち、先生や親が作業を語れること（ストーリテリング）を尊重し、その上でさらに、これからどうしていきたいのか安心して語り合う（ストーリーメイキング）を助けることが重要となります。その中ではリフレーミングや問題の外在化などの技術も必要に応じて使っていきます。このことも含め実際の事例を通してお伝えしましょう。

事例：教員の役割にとらわれたケース

ある小学4年生の担任の先生から授業中、離席する児童の相談を受けました。先生は「立ち歩くので注意すべきなのですが…」とその離席について修正すべきこととして話していました。しかし私が、実際に学級での様子を観察したとき、先生は、この子の離席を意図的に見守っているように見えていました。

そのため先生に「先生が立ち歩きを見守ってくれたおかげで彼は、教室に居続けることができていますね」とその離席について肯定的にリフレーミングして（注意しない→見守る）先生に状況を共有しました。すると先生は笑顔で「そうなんです。彼は頑張っている。これ以上、注意ばかりしたくない。少しでも自信がもてることから参加してほしい」と話してくれました。この言葉から、はじめて先生の「届けたい教育」は離席を阻止することではなく、自信をもてることを通した、授業の参加であることを知ることができました。

このように、先生の語りに対し肯定的なリフレーミングをすることは、安心して対話できる環境をつくり、先生だから○○しないといけないという、ドミナントストーリーから解放された先にある真のニーズを知ることを助けます。

事例：問題の原因にとらわれたケース

親が先生の関わりのせいで、娘が教室に行けないと感じている事例について、私は母親に「先生の関わりが影響して、娘さんが教室に行けないと不安に感じているんですね。なるほど、ところで、もしも先生との関わりに娘さんが不安を感じなかったら、または教室に入れるのであれば、お母さんは本当は、どんなことを期待したいですか？」と聞きました。お母さんは「学校で不安なことがあっても、私はすぐに助けられない。そばにいてくれる先生が助けてくれる存在であれば安心できるはず」と話してくれました。

ここではじめて、母親の願う作業が、娘さんが学校で共に生活する人の助けを得て、学校生活を安心できるということであると知ることができました。このように「先生と娘の関係性」や「娘が教室に不安が強い」という問題に対して、誰がいけないのかと問題の原因を探ろうとすると、ドミナントストーリーが強化されていきます。その場合は、一度問題自体をチーム会議の外に置き(問題の外在化)、その問題はあるものとして捉え、そのことの影響を改めて考えることで、本当に叶えたいことを語り直せるように導くことも有効です。

今回登場した無知の姿勢、リフレーミング、問題の外在化については、次の項で詳しく説明します。

Chapter 2

チームの目標を決める

語りの糸口はクライアントの話しやすいことから始まり、「特にどんな場面で問題を感じますか？」「本当はそんなときにどうしてほしいと思いますか？」とより具体的な状況（作業形態）を聞いていき、「それはなぜあなたにとって大切ですか？」とその作業に対する先生の意味を聞いていきます。このように具体と抽象を行き来しながら、「届けたい教育」とその問題の本質（作業遂行の問題の本質）を明らかにしてチームで共有していくことを伝えてきました。それでは事例を通して、対話を通した目標設定を見ていきましょう。

1 対話を通した届けたい教育の探究

〔ケース：智さん〕

小学4年生、男児、通常学級在籍。小学3年生の頃から学校を行き渋り休みがちになり、4年生からは教室に入ることも拒否的で、相談室で遊んで過ごしていた。担任の先生は、智さんが教室に来ることができても、授業中に飛び出していってしまうことを悩んでいました。

先生「どうして授業中に飛び出してしまうのでしょうか」

母親「昔から智は、そうなんです。保育園の時から発達検査を受けてはどうかと言われていました。ADHDと診断ももらっています」

先生「授業の飛び出しは3年生の頃からありました。4年生になって教室に入ることすら抵抗があるようです。相談室で過ごす智さんのことが気がかりです。でも私のクラスづくりがうまくいっていないのかもしれず、私が行くとプレッシャーかもしれないと気もつかいます」

母親「私は精神的に弱くて、いまでも病院に通っています。もっとこの子のことを見てあげなきゃいけないと反省しています。私がしっかりしていないせいで」

仲間「なるほど、教室に入りづらいことや参加できても授業中飛び出してしまうことに、先生もお母さんも悩まれているんですね。では、『クラスに入りづらい』『授業中の飛び出し』ということが存在することで、いまお

母さんや先生ができずにいることは何ですか？　それがあることで悩んでいることは何ですか？」

先生「授業中に自分勝手にいなくなると、友達は違和感を感じるし、認めてもらえない。授業中一緒に考えたり、グループワークに参加することで、仲間としてお互いが感じられるといいなと願っています。それに達成感ももたせてあげたい」

母親「息子の様子を見ていると学校が苦しいのかなと感じてしまう。楽しく学校で過ごせるとうれしい」

父親「そうですね。だから、先生がおっしゃった、友達と一緒に参加できるって大切ですよね。男の子だし、僕は仲間って大切だと思う」

「授業中の飛び出し」という作業形態だけにとどまらず、その行為に注目した先生や親の思いや価値などの意味を聞いていくことで、友達と一緒に学ぶことで協力や達成感を智さんが経験できることが重要であったことを知ることができました。そしてその教育の実現を考えたときに、授業中に飛び出してしまうことは問題の一つであるとチームで共通することもできました。

このように「届けたい教育」を軸に情報の整理を行っていきます。

2 目標の優先順位を決める

そして、これらの語られた「届けたい教育」から優先順位の高いものを短期目標として設定していきます。優先順位はみんなが取り組みやすいことや、一番重要だと思うこと、行事など時期的に必要なことなどケースバイケースです。

この優先順位で私が重要としていることは、医学的、専門的視点での優先度よりも、クライアントが選ぶことです。「届けたい」これは先生や親のニーズです。そしてニーズはエネルギーをもっています。この会議が終われば、家庭と学校それぞれの世界で、それを叶えていくことになるのです。エネルギーを何に注ぎたいと感じるのか。それはクライアントしか知りません。

どのような優先順位でも大丈夫である理由はもう一つあります。それは、目標が作業だからです。目標達成の効果について考えると、「届けたい教育」は生活の一部であり、それだけが独立していることはありません。連鎖するものであり、変化し続ける生活をつくるプロセスとなる種火なのです。

例えば智さんが友達と一緒に学べることを通して、達成感や協力することを経験できたらどうなるでしょうか。安心して授業に参加できるようになり、役割活動も積極的になるかもしれません。友達と安心できる関係が構築されてクラスで楽しく過ごせる時間が増えるかもしれません。目標がチームみんなにとっての作業であれば、生活は変わり

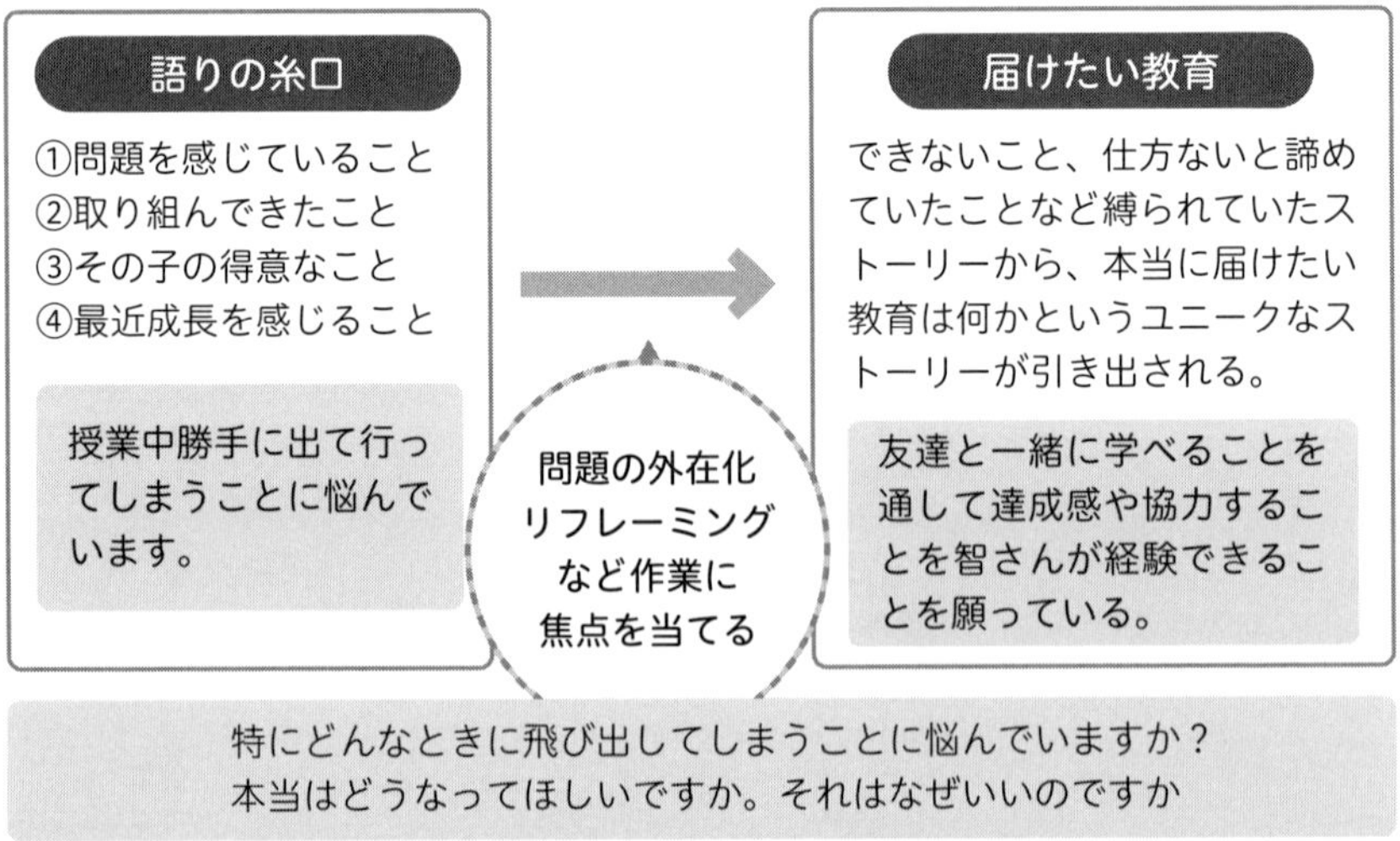

語りの糸口

①問題を感じていること
②取り組んできたこと
③その子の得意なこと
④最近成長を感じること

授業中勝手に出て行ってしまうことに悩んでいます。

→

問題の外在化
リフレーミング
など作業に
焦点を当てる

届けたい教育

できないこと、仕方ないと諦めていたことなど縛られていたストーリーから、本当に届けたい教育は何かというユニークなストーリーが引き出される。

友達と一緒に学べることを通して達成感や協力することを智さんが経験できることを願っている。

特にどんなときに飛び出してしまうことに悩んでいますか？
本当はどうなってほしいですか。それはなぜいいのですか

続けます。チームでそんな未来をみんなで想像すれば、どの目標からスタートしてもいいと思えるはずです。このように、その作業の実現が生活に影響を与える可能性についても話し合い、その上でみんなで優先順位を決定できるといいでしょう。私たち作業療法士は、面談の中でチーム全体が未来を描き、本当に大切なことを選択できるように情報提供することも役割としています。

短期目標が選択できたら、「いつ」「どこで」「どんなふうに」それができることを目標とするのかという、より具体的なイメージを明確にします。さらに、その短期目標を達成した先に、どのような生活を期待したいのかチームで話し合い、長期目標を決めていきます。

智さんのチームでは以下のこととなりました。

①授業に安心して参加し、期待されている活動に取り組む姿勢がもてる。
②友達に認めてもらいながら、部活や授業に参加することができる。
③決められたルールに従いながら物の管理ができる。

無知の姿勢

先ほど例にあったように「クラスに入りづらい」「授業中の飛び出し」という行動は、それ自体がどの人の頭にも問題であると、社会的なレッテルがあります。そのため先生として、当然取り組むべき課題であるという、潜在的な縛りをもっています。

この先生を縛り続けているストーリーに対し、「飛び出さなければ、どんなことが期待できるのか」という〝飛び出し〟という問題自体を外在化して先生と一緒に考えることで、『友達と一緒に学べることを通して、協力や達成感を経験させたい』という、智さんに、本当に期待したいユニークなストーリーの出現につながるよう導く必要があります。

〈智さんの授業への参加〉という作業について、作業形態（どのようにできることを望み）や意味（どんな価値がありどうして大切なのか）はその人（先生や親）にしかわからないという**無知の姿勢**をもつことが専門家には重要です。そして素直にそのことを知りたいという興味・関心をもつことで、はじめて先生や親や本人の「届けたい教育」にたどり着くことができるのです。

問題の外在化

問題の外在化は、ナラティブセラピーの一部として知られています。ナラティブセラピーは、オーストラリアの心理療法家であるマイケル・ホワイトとニュージーランドのデイビッド・エプストンが１９８０年代後半に提唱しました。彼らは、人々の問題がストーリーとして構築され、それによって人々が自分の問題を理解することを提案しました。その中心的概念の一つが、問題の外在化です。

問題の外在化について理解するために、「問題の原因の外在化と内在化」と比較しながら説明しましょう。

〈問題の原因の外在化〉

問題の原因を自己以外の状況や環境、相手に求めます。その人のストレス回避や責任感の軽減ができるかもしれませんが、すべての問題の原因を外部に求めることは、相手に責任を求める行為につながります。チームづくりにおいては原因の擦り合いや、相手に過剰な努力を強いるリスクを伴います。

〈問題の原因の内在化〉

問題の原因を個人の性格や能力、欠陥などに求めます。そのため自己認識の向上や自己改善の促進といった利点もありますが、自尊心の低下や個人が過剰な責任感を抱えるリスクがあります。チームづくりにおいては、一人が抱える形になるため、みんなの協働関係が築きにくく、力が発揮しにくい状況をつくるリスクを伴います。

〈問題の外在化〉

問題の外在化とは問題の原因を外在化したり、内在化することとは違い、問題と原因を切り離さず、そのものを対象化または人格化して、本人および関係者から切り離して、その外側に位置させます。そして、みんなで一意団結して対応することを考えていくアプローチです。問題はあるものとして捉えて、その原因を問わず、それでも私たちの「届けたい教育」をどうしたら叶えられるのかということをみんなで考えるのです。

ユニークな存在として理解する

問題の外在化によって、どのような変化が起こるのでしょうか。チームとして安全に楽しく進めていける〈協働関係の構築〉ことだけでなく、ユニークなストーリーの出現があります。

智さんの「授業中の飛び出し」について、飛び出し行動は多動の特性がもたらしているから〈問題の原因の内在化）となれば智さんに責任があるとして、そこを見つめることになり、先生の授業のやり方に課題があるのではないか（問題の原因の外在化）とされれば、先生が一人悩むことになっていたでしょう。

しかし、「授業中の飛び出し」という問題事態を外在化することで、その現象自体が私たちの生活にどんな影響を与えているのだろうか？という視点で話すことができます。

そしてはじめて先生は、飛び出してしまうことで友達に認めてもらえないと話してくれました。そしてみんなの語りから、学校生活で友達に認めてもらえることがチームとして大切にしたいことだと、「届けたい教育」に気づくことにより、対話の方向性は、それを叶えるための方法にシフトしていくのです。

先生は智さんについて「彼は優しくて相手のために頑張るお子さんです。そんな智さんの優しさがクラスで生かされれば認められるはず」と話しました。お母さんはその話を聞いて喜びました。さらに頑張り屋であることや、母親のために家庭では手伝いもよくしてくれる息子であると話しました。

このチーム会議では他にも「智さんのように間違いに不安を抱えている子はいるはず。私はみんなが安心して参加できる授業にしたいと思っていた」と先生が目指したい授業を語り、智さんを含め、このクラスの子どもたちが安心して参加できる授業をつくろうという話にもなりました。

これは、いままでの「どうしたら授業中の飛び出しをやめさせられるのか」という話し合いでは出てこなかった、先生の素敵な授業への想いと、優しさを重視するあたたかい家庭、そして、智さんの人のためになることをするのが好きだということが織り込まれたユニークなストーリーです。

このユニークなストーリーは、この例だけで起こったものではありません。これまで私が行ってきた面談では、すべてユニークなストーリーでチームも取り組みも紡がれています。

問題の原因の外在化
(原因は相手にあると悩む)
もっと家族が
しっかりと子どもを
見てあげてほしい
何が原因？
何が問題？
先生
クラスに入りづらい
授業中の飛び出し
OT
保護者
どうすればいいの？
これからどうなるの？
学校でのことですよね。
家庭ではうちの子
問題ありませんが
うちだけじゃないですよね

問題の原因の内在化
(原因は自分にあると悩む)
自分のクラスづくりのせい？
これ以上プレッシャー
かけないほうがいいかな
先生
何が原因？
何が問題？
クラスに入りづらい
授業中の飛び出し
OT
保護者
どうすればいいの？
これからどうなるの？
私がもっとしっかりしないと
私のせいだ…あのとき
もっと頑張ればよかった
……

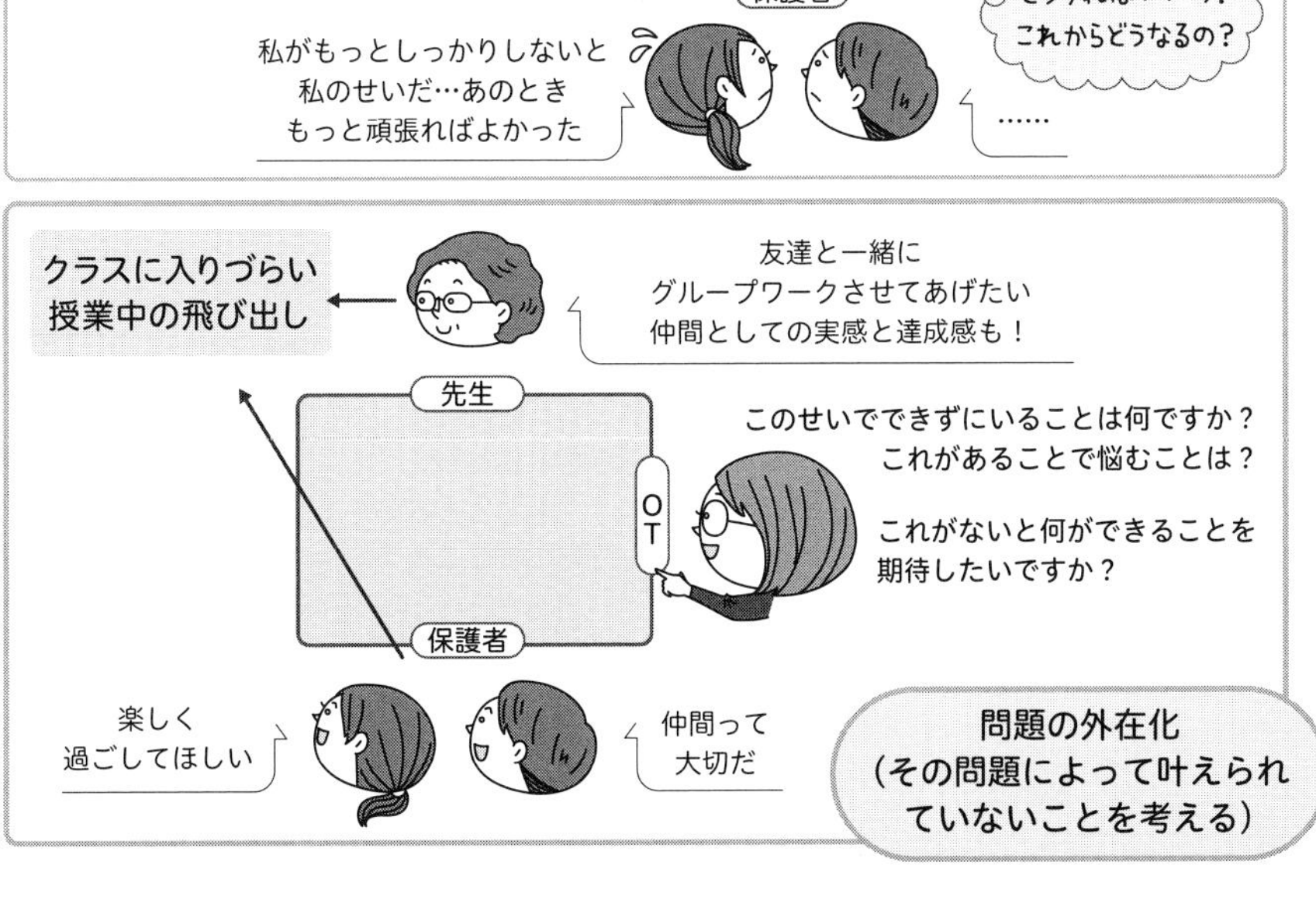
クラスに入りづらい
授業中の飛び出し
友達と一緒に
グループワークさせてあげたい
仲間としての実感と達成感も！
先生
このせいでできずにいることは何ですか？
これがあることで悩むことは？
これがないと何ができることを
期待したいですか？
OT
保護者
楽しく
過ごしてほしい
仲間って
大切だ
問題の外在化
(その問題によって叶えられ
ていないことを考える)

Chapter 3

みんなでプランをデザインする

学校においては先生の学級経営が取り組みの軸になるため、プランの立案は先生が中心となります。どういう教育的手立てがあれば、子どもが力を最大限発揮して教育が届くのか、先生が安心して積極的に立案できるように一緒に考えます。重要なことは、「届けたい教育」を実現するための情報共有と、チームでめざす成果を明確にすることです。

1 作業ストーリーとして理解するための情報共有

従来の専門家の情報提供は、問題と感じる行動の原因や前後の出来事から、どうして、そのような行動をとったのかという理由が中心でした。しかし、「届けたい教育」を叶える取り組みでは、基本的に「問題行動がどうして起こるのか」ではなく「どうしたら『届けたい教育』ができるのか」という「届けたい教育」を叶えるための情報が中心となります。問題行動とされていた行動も、もはや問題か否かではなく、届けるための情報の一部として捉えます。

届けたい教育が叶うということは、ただ、できる－できないではなく、先生やその子の、その目標とした作業に込められた価値や意味が満たされることが重要です。

そのため、どうしてうまくいかないのか（作業遂行上の問題点）についての理解には、能力的にできるか否か（人の能力理解）だけでなく、本当はどうしたいのか、できない状況をその子はどう捉えているのか（作業の意味の理解）、先生や友達の存在がどのような影響を及ぼしているのか（環境の影響）といったことすべてを理解していくこと（人と作業と環境の相互理解）になります。これは人がすることがストーリーの中で存在しているからです（81ページ参照）。

作業療法士は、作業遂行分析という技術で、その子が学校（環境）で、「届けたい教育」を遂行するときに何が問題で（問題点）、何がうまくいっているのか（利点）という人－作業－環境を分析しています。

〈ケース：智さん〉

智さんのチームの目標は、授業に安心して参加し、期待されている活動に取り組む姿勢がもてるかということになりました。その目標に対し、作業遂行分析から何が問題で、何がうまくできているのかを考えます。

問題点（うまくできずに困っていること）

- 教室では動けないために緊張が高まり、精神的に疲れやすい。
- 人の動きや授業内容などの情報量が多すぎるとパニックになる。
- 授業課題以外の時間は何をしていいのかわからない。

・授業中、自分の解答が合っているのか不安が高い。
・間違えることへの不安から相談できない。

利点（効果的にできていること）
・チャイムなどのルールを意識している。
・先生の指示には反応できる。
・先生に認めてもらうことに価値をもっている。
・ノートや教科書を準備し、学習課題に取り組もうとしている。
・学習内容の理解ができる。

チームで共有された作業遂行分析の情報を活用し、先生が中心に手立てを考えます。

〔先生が立案したプラン〕
①緊張が高く不安が強い智さんが、できている行動に着目できるようプラスのフィードバックをする。
②授業中の待ち時間の不安を埋めるため、プリント配布などの役割活動をつくる。

従来のような問題と感じる行動や状態に対する専門的な情報からは、先生が選択できる手立ては限られてきます。例えば、教室にいることは〝精神的に疲れやすい〟という情報からは、教室の参加を強制しないほうがいいという手立てになりやすく、〝多動の特性があり飛び出しがある〟という情報は、落ち着くまで多少の離席は見守ったほうがいいというような方法以外に広がりをもちません。これは疲れるという精神機能や多動であるという注意機能という、**機能や能力に対する説明なので、問題（その機能や能力）にどう対応するのかという特性に合わせた対処方法**になります。

目標の実現に向けて、先生や保護者が力をもつ（エンパワメント）ためには、自分たちが取り組めると感じ（有効感）、その上で方法を**自由に幅広く選択できること**が必要です。

作業療法では、どこで何を遂行する時に、どんな困り感が生じているのかについて分析します。例えば、今回の教室では動けないために緊張が高まり精神的に疲れやすいということには、次のことも含めて情報を共有します。

教室という空間で、前を向いて（環境）行われる授業は、机に座り続けることが暗黙の了解としてあります。そして授業は、着席して静かに行うことが日本の授業という文化には存在します（作業）。その中で智さんは授業を受けると、自分の身体の感覚の薄さと動きたい衝動（人の機能）から、耐え

表1）授業に安心して参加し期待されている活動に取り組む姿勢がもてる

作業遂行上の問題点		立案できるプラン
①教室では緊張が高く精神的に疲れやすい	→	・緊張しにくい環境をつくる ・定期的にリセットできる休憩をとる
②授業課題以外の時間は何をしていいのかわからない	→	・授業課題以外の時間でできる作業を準備する ・授業課題を終えたら休憩をとれるようにする
③授業中自分の解答が合っているのか不安が高い	→	・合っていることをフィードバックする ・ここだけ合っていれば大丈夫ですよ！と先にゴールを決めておく
④間違えることへの不安から相談できない	→	・相談時間を決めて先生から大丈夫か聞く ・間違えたことに対して「チャレンジできたね」と正のフィードバックを行い間違えることへの不安を和らげる

きれず緊張してしまう傾向にあります。さらに授業は真面目に受けたいという彼の気持ちもありました（人のスピリチュアル）。これらのことの相互作用の結果として、教室では動けないために緊張が高まり精神的に疲れやすいという状況を起こしていることを共有します。

このような「届けたい教育」を行うことについての分析（作業遂行分析）の情報は、わかりやすいだけでなく、そもそも、その子の機能だけが生活の変化を起こすための着目点にはなりません。確かに、自分の身体の感覚の薄さと動きたい衝動性を、授業中に調整することも手段の一つです。しかし、授業環境に対し、例えば机の配置の工夫や、授業のルール（静かに座学で受ける）を、見つめ直すことで叶えることができるのです。

取り扱いやすく、多様な教育的手段がとれるため、先生がさまざまなプランを立案することができます。

実際に智さんのチーム会議でも、さまざまなプランがチーム内で出ました（表1参照）。このプランの中から実現可能で先生もやれる、またはやってみたいものからスタートすることが可能です。このように幅広いプランから、クラスの

 人（環境・作業）	人	● 動く力（身体機能）　● 考える力（認知機能） ● 感じる力（情緒機能）　● スピリチュアル →**その人のできる力を分析**
 環境（人・作業）	環境	● 環境の影響を分析します。道具や教室、座席の位置、机の大きさ、黒板など。 →**物理的環境、人的環境（友達・先生）、経済的環境、社会的環境（ルール・秩序）を分析**
 作業（人・環境）	作業	● どんな教育が、どのようにできることが重要なのか。先生の価値・学校文化・クラスの関係など。 →**教育に込められた意味や価値形態などの理解**

図1）作業療法士が取り扱う、人−作業−環境の情報

状況などに合わせて選択できる点でも有効な情報だと言えます。

私たち、作業療法士はその子の機能や能力だけでなく、その子自身の人柄や思いといった、スピリチュアルを含めた**人に関する情報**と、物理的、社会的な**環境に関する情報**、そして、その作業の文化的価値を含めた形態といった**作業に関する情報**について、人が作業を遂行するために相互に影響し合っていると理解しているため、どの情報も大切なこととして共有します（図1参照）。

2 めざす成果を明確にする

めざす成果とは目標を詳細に示し、さらにその目標が達成できる未来を具体的に描くことです。これは立案された目標がお飾りにならないためにも重要な工程です。このことは短期目標設定時にすることがおすすめです。具体的に描くことによって将来の可能性を感じ、チームで主体的に取り組んでいく力となり、チームの協働関係を深める役割も果たします。目標の具体化は目標そのものの具体化と、工程の具体化です。

〈ケース：智さん〉

チーム会議では、授業に安心して参加し、期待されている活動に取り組む姿勢がもてるという作業について、それができることの重要性や、できた時にどんな影響があるのかも話し合われました。

仲間「授業時間に友達と一緒に参加し、期待されていることができることは、智さんにとって教室にいていいという居場所の安心につながります」

父親「学校では授業の時間が中心だから、安心できることは息子にとって学校の行きやすさにつながると思います。僕は息子に算数だけでも自信をもってもらいたいと思って、個別に教えています。それが役に立ちそうですね」

先生「お父さんいいですね！　だから智さんは算数の時間は教室の参加率が高いですよ。そうか、算数から取り組みを開始しましょうか。算数でしたら問題を解く時間と解答の時間でONとOFFをつけやすいです。休憩時間を入れられそうです」

母親「自信のある教科だと成功体験も積めそうですね。それは私も安心です」

このようにめざす成果を具体的にイメージして共有することは、ただそれができることだけでなく、その先の成長や影響も含めてチームで楽しむことができます。そして、先生や親がいままで行ってきたことも紐づけて考え、その関わりにも意味や価値を感じることができます。そのことによって、これから行えそうなことを含めて、積極的な行動の選択と遂行につながります。

Chapter 4

目標までの道のりをガイドする

1 マイルストーンをつくる（目標達成スケーリングガイド）

ゆいまわるでは、月に1度の頻度でモニタリングとしてチーム会議を実施します。目標達成までの道のりをGoal Attainment Scaleを改良した用紙を用いて3段階（Ｓｔｅｐ1、Ｓｔｅｐ2、Ｇｏａｌ）＋目標達成後の生活を2段階で設定し、先生や親が日々の取り組みの変化を視覚的に確認できるようにしています（１４６ページ図はＧｏａｌまでを記載）。

〔目標に向けたマイルストーンをつくる目的〕

① スモールステップをつくることで、学校や家庭での取り組みの目標に向けた成果を実感できることで有効感をもてるようにする。

② 具体的なステップがわかることで、次に何をしたらいいのか決められるようにする。

目標の段階づけには、作業遂行分析の情報の中でも特に、その子のうまくできていること（利点）を活かせることを意識して考えます。さらに、先生がすでに取り組んでいることや学級経営で重きを置いていること（先生や親が取り組みやすいと感じること）も組み込むようにしています。

月1のモニタリングのチーム会議では、この目標達成スケーリングガイドを元に、学校や家庭での取り組みの効果を具体的に共有します。そして、次のステップに向かうために、いまなら何が期待できそうか、何からできそうか、何がしたいかを話していきます。

チームのメンバーは、自分の行っていることが子どもの成長に役立っていることを具体的に知り、さらに主体的に取り組むことができます。

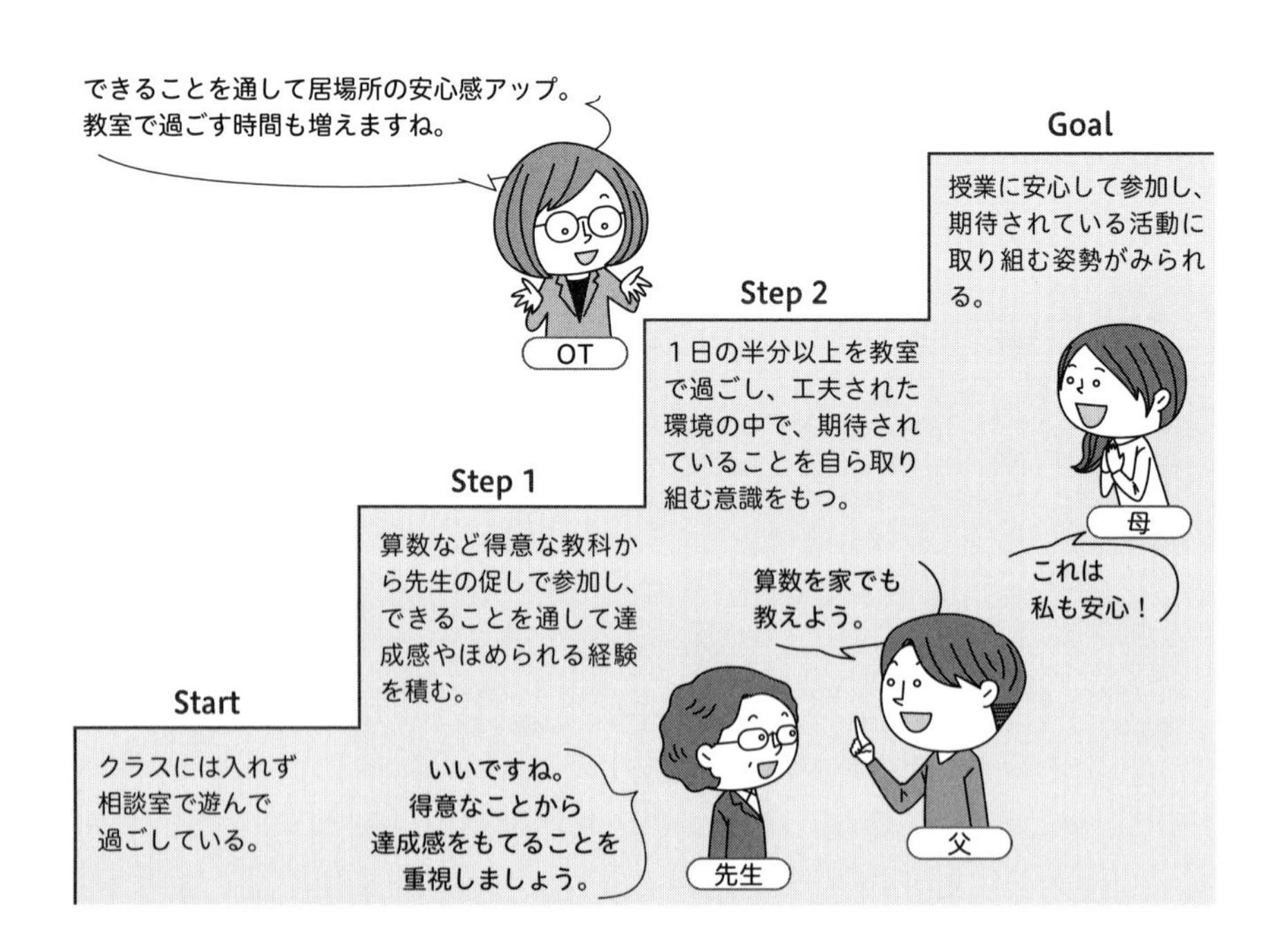

2 リスクマネジメント

チームで決めた目標を叶える際、そのこと自体が子どもや先生、親を危険にさらす恐れのある問題を含んでいることもあります。

例えば、児童個人の対応が先生の業務を増やす恐れがあるような物理的なリスクがあります。その他にも、その子の行動がクラス（集団生活）に与える影響など、多岐にわたります。

私たち作業療法士は、このようなリスクをチームが事前に把握し、回避する、受け入れる、違う方法も準備しておくなどの、**安全にそのリスクと向き合えるよう準備をする**役割も担います。このことをリスクマネジメントと言います。

智さんのリスクマネジメント

当初先生は、智さんに対して、とにかく教室で過ごしてほしいと願っていました。しかし、それには人がたくさんいる教室で授業を受け続ける必要がありました。そのこと（作業形態）は、人の動きや授業内容などの情報量が多すぎるとパニックになる智さんにとって、負担が強いというリスクを伴っていました。

チームへのリスクの提示は大切ですが、親や先生が選択できる力を削ぐものであってはいけません。もし作業療法士が「教室で授業を受けさせるとパニックになる恐れがあります」とチームに伝えれば、先生は教室での授業の参加に過剰な警戒をしてしまうかもしれません。これでは良好なチームアプローチができません。リスクの提示には細心の注意と工夫が必要なのです。

今回、作業療法士は次のようにチームと共有しました。

「教室で過ごすことで友達と学ぶ機会がもてますね。しかし智さんにとって、教室内の情報量は多すぎるために対応できず、授業に集中したり、友達に興味を向ける余裕がないのかもしれません。チームが大切にしたいことは、友達と協力したり、達成感を得る経験ができることでしたね。そのためにどうしたら、それができるのか一緒に考えませんか?」

先生はそのリスクの提示から、教室に長時間居続けることよりも、まずは授業に安心して参加できることを重視したいと話し、また本人の居心地のために、期待されている活動に取り組めることも大切にしようとチームで話しました。その結果、チームは得意な教科からの参加と、参加したときには達成感やほめられる経験の蓄積を重視しようということとなりました。このことはチームの目標までの目標達成スケーリングガイドにも反映させました。

リスクマネジメントが必要だったケースから学んだこと

これまでゆいまわるで担当してきたケースの中に、このリスクマネジメントを行わなかったがゆえに、チームを不安定にさせてしまったケースがあります。

陽子さん、小学1年生。彼女は保育園の頃から予測ができないことに過剰に不安になる傾向がありました。入学するとすぐ陽子さんは不安でたまらなくなり、支援員の腕を力いっぱい握りしめたまま離れることができませんでした。支援員が少しでも自分のそばから離れようとすると、大暴れし、怒鳴り、支援員が自分のそばに居続けるように訴えました。

担当の作業療法士は、学校と家庭の間に入り、陽子さんが予測できないことに不安であることを伝え、学校でもさまざまな取り組みをしてくれました。その効果もあり、2学期の終わりには、支援員が常にそばにいなくても、クラスの中で過ごすことができるようになり、授業も内容がわかることにやりがいを感じている様子でもあり、積極的に発表するなどの参加も見られていました。この成長に先生も親も満足していました。

ところが、年末年始にかけてコロナの感染が広がり、さらにインフルエンザにもなり、陽子さんは2週間以上学校を休むこととなりました。1月中旬に学校に登校はできたものの、急に荒れ始めてしまいました。はじめの訴えは学童保育に行きたくないということでしたが、徐々に登校も不安になり、学校では先生や支援員、学童保育の指導員に対して、「来るな、なんでお前なんだよ」と暴言や暴力で大暴れしてしまう日々が続いていきました。

〈必要だったリスクマネジメント〉

担当の作業療法士と陽子さんについて振り返りました。一見、順調に学校に参加できていた2学期でしたが、実は休み時間の過ごし方は、特定の友達の手を強く握り、その女の子を一時も手放すことができず過ごしていました。学童保育では、勉強など決められた活動には参加できていましたが、友達との自由な交流場面にはうまく参加できず、一人で遊ぶことが多い状況でした。

この様子から、見た目には学校も学童保育も通えてはいるものの、ギリギリな状態であり、ましてや長期の休みが強制的に入れば、そのリズムが崩れるリスクは、より高まることが予測されていました。このことは作業遂行分析にも現れていました。

もちろん、コロナもインフルエンザも回避することはできず、不安定になる3学期は避けられないものだとこのケースでは感じます。しかし、大切なことは不安定になること（問題）を回避することではなく、その**リスクをチームで事前に把握し、先生や親が安全にそのリスクと向き合えるよう、準備するようにコーチングしていくこと**が専門家として重要なのです。

荒れたまま1年生を終えてしまい、春休みにリスクマネジメントを含む陽子さんの勉強会を、学校と学童保育とで行いました。

陽子さんは自分の活動に対して、実感が薄く（固有受容感覚の低さやボディイメージの低さ）、常に自分の行動に自信がもてずにいました（自己評価）。そのことがクラスや学童保育への参加の居心地の悪さを常につくっていました。陽子さんはとりあえず、朝の支度や授業など習慣的な活動をこなすことで、その場をやり過ごしていました。「支援員はいつか離れる」「遊んでくれる友達がいなかったらどうしよう」そんな不安を毎日感じながら、それでも慣れなくてはいけないと必死でした。だからこそ、長期休みの後の登校が怖かったことをチームで共有しました。

先生は、陽子さんとの関係性に自信を持ち始めていたのに、急に暴言を言われショックだったこと、学童保育の職員は毎日、理由のわからない暴力をふるわれて悲しかったことを共有しました。そして作業療法士の情報共有により、陽子さんの暴言や暴力は先生が嫌いだからではなく、不安からの防衛反応として理解し、陽子さんの心の余裕のなさとして受けとめることができました。そして支援員をいち早く離そうというチームの方針をやめ、いつでも一緒にそばにいると伝えて、まずは安心第一でいこうということになりました。

2年生が始まり、やはり陽子さんは支援員を手放せず、学童保育への不安も抱えていました。しかし、学校も学童保育もそのことを不安視せず、学校は安心できるまで支援員が離れないことや、不安があれば支援学級でいつでも過ごせることを伝え、本人の訴えを必ず受けとめてくれました。学童保育は学校の終了時に、まずは同じ学童保育の友達と学校で少し遊んでから、そのまま一緒に来る方法を提案しました。陽子さんは徐々に安定し、学校にも学童保育にも通えるようになっていきました。

このように届けたい教育の実現は、その子にとってチャレンジ的なことが多い生活をデザインしていきます。その分リスクも当然あるものなのです。そのリスクは「回避する」ことよりも、先生や親が安心して安全に向き合える準備ができるようにすることが、学校においては重要だと思っています。

Chapter 5

卒業を描く

ゆいまわるの学校作業療法には「卒業」があります。これまでお伝えしてきたように、私たちの役割は、学校の先生と親とその子が、「届けたい教育」を通してつながり、チームとして、その実現に力をもてるようにコーチングしていくことです。

そして叶えていくものは「届けたい教育（作業）」であり、その目標の達成はただのゴールとならず、人生の新たなスタートのマイルストーンとして位置し、今度は先生と親と子、そして共に育つクラスメイト（社会）が一緒に考え、生活をデザインしていきます。そのような変化し続けるプロセスをつくるためのきっかけとして、私たちの関わりはあるのです。そのため当然、そのプロセスが築かれれば、私たちの存在は「卒業」となります。

卒業できる専門家として、大切なことは何か、どのようにチームで描いているのでしょうか。

1 子どもの力と環境と作業は変化していく

これまで、さまざまな大変な状況を乗り越えた上で生活が落ち着くと、チームとしてこの状態をよい状態として捉え、現状に満足し、作業療法を卒業してもいいのではないかと感じることがあります。

- 学校に行くことも渋っていた子が、支援学級の中ではわからないことも、先生に相談できて楽しく過ごせている。
- 衝動的でトラブルが多かった保育園（年長）の子が、支援員の少しのサポートがあれば友達と一緒に楽しく過ごせている。

作業療法士はチームでめざす目標の実現以外にも、これから先の生活の変化に、どのように作業的移行が可能なのか（次の生活で求められる作業に、どのように結びついていけるのか）についても考えていきます。

作業療法の視点においては、その届けたい教育（作業）が連鎖し、変化していくことも想定し、「その子の変化していく力」と「次の環境」と「これから期待される作業」の相互作用が、効果的に果たしていくのかについて分析しながら卒業をデザインします。

その子の変化

子どもは成長が目まぐるしく、特に届けたい教育が叶っていくとその成長はより加速していきます。そのような子どもの運動機能や認知機能・精神機能の成長と、生活の中で培われる意味（価値観など）の変化を予測していく必要があります。

例えば一人遊びしかせずにいた女の子が、「友達と一緒に遊んで楽しいと思える」という届けたい教育が叶えば、もっと友達と過ごしたいと思い、友達を見て学ぶ機会が増えます。友達の整列や手洗いを見て、自分もしないといけないと感じるようになり、ルールを守りたいという価値観が育つでしょう。

友達と遊ぼうと意識すれば、遊びの種類も変わり、これまでやったことのない道具や活動に触れることができます。そうすることで運動機能も成長します。

友達との中で自分の気持ちを伝えたいと思うようになれば、話すタイミングや、相手の話を聞くなど交流の順番を自然に学び、相手が聞きたくなる声のトーンなど、相手に配慮した話し方も学ぶでしょう。このように交流方法やルールの理解といった考える力・認知機能も成長します。

相手の順番を待つことは、自分の話したい気持ちをグッと抑えなくてはいけません。そうやって精神機能も成長していくのです。

このように届けたい教育ができることを通して、子ども自身が多くの成長を可能にします。当然できることが増えますので、遊びや交流関係、ルールや学習内容が複雑に変化していく流れに、その子の力も効果的に働くよう成長していくことができるのです。

環境と作業の変化

子どもは環境の変化が早くさらに大きい。保育園から小学校、中学校へと環境は変わり、さらに小学校内でも毎年、場所も先生も友達も変わります。

期待される作業も同様に変化は目まぐるしく、保育園までとは違い、小学校からは45分の時間で区切られた授業の中で、勉強が入ってきます。教科の内容も毎月・毎年変わっていきます。

その他にも支援員がついているお子さんは、支援員が離れた後の生活の変化を考える必要があります。例えば、支援員がそばにいると授業の内容が進んでも「いまこのページだよ」と教えてもらえるかもしれませんが、そばにいなければ自分でいま、授業がどこまで進んでいるのかを把握することが求められます。休み時間も支援員と一緒にいればいいと感じていたのであれば、いなくなった途端、友達を休み時間内で見つけなくてはいけません。

支援学級に所属のお子さんも、支援学級から通常学級に移行する際の生活の変化を考える必要があります。

2 未来の生活も描く

私は、このような人の成長や環境や作業の変化を当たり前のこととして捉え（60ページ参照）、チームアプローチのスタート時期から、その未来を準備する視点が重要だと思っています。

「支援員をつけて大丈夫」「支援学級で楽しく過ごせている」という現状が問題なのではありません。**その子の人生（その子らしさ）を考えた時に、その環境が固定されたものであっていいのかを考えてほしいのです。**

その子が友達と過ごすことを求めるのであれば、通常学級の友達と一緒に過ごせる未来を保障していきます。支援学級であるのなら、通常学級で過ごすまでのステップを描き、学校と家庭がそれができると思えるまでの橋渡しは作業療法士の役割です。変化し続けるプロセスを学校と家庭が実感し、その未来を自分たちの力でつくっていけると描ければいいのです。

もしもその未来に「学習能力が追いつかなかったら？」「その子の交流する力が十分でなかったら？」どうするのか。

そう思うのであれば、いまから未来の授業の参加の仕方、友達との交流（休み時間の過ごし方）を描いて練習していけばいいのです。これまでお伝えしたように、能力的な課題は問題ではありません。届けたい教育をデザインする方法は、その子の能力と環境と作業の相互作用です。

未来の環境と届けたい教育（作業）に、その子が結びつくか否かを神頼みにせず、チームでしっかり見つめて、いまのプランに落とし込んでつくっていきましょう。

3 未来の生活をデザインするポイント

では、どのように未来のプランをつくっていけばいいのか、ケースバイケースですが、具体的に事例を通して考えてみましょう。

Ｐａｒｔ１で紹介した葵人さんは幼稚園の頃、友達は「仲間」として感じ取るよりも、感覚が過敏だったため、急に不快な刺激を与える存在として衝動的に攻撃していました。そのためクラスへの参加は難しく、当時、先生たちはできるだけ音や刺激が届かない図書室で過ごせるようにしていました。

お母さんは息子さんに対し「みんなと一緒に参加して、期待されている学習課題に向き合うことができるようになってほしい」と願っていました。私も葵人さんのみんなの期待に応えたいという、彼のスピリチュアルからも、将来的にはみんなと一緒に参加する生活が重要と感じていました。そのため、当時からお母さんと小学校での授業の参加について話していました。

授業の参加には、授業内容の理解（情報処理と認知機能）が必要です。時間というルールに従うことができるのか、決められた課題を受け入れるのかという精神機能も求められます。当時から記憶力が良好な葵人さんは、漢字や九九などの計算式を覚えることは努力によってできるだろうと予測できました。しかし、気持ちのコントロールは小学1、2年生までに本人の努力でどうにかできる状況ではないと分析していました。

お母さんに、どうしてみんなと授業に参加してほしいと感じているのかうかがったところ、「自由奔放はいいことだけど、大人になるためには相手に合わせたり、社会が期待していることに応えることが大切だと思っています。期待されている勉強を頑張ろうと意識してほしいし、わからないことは先生に相談して問題を解決できるように成長してほしい。友達がやっていることに影響されて、新たな価値を学んでほしい」と教えてくれました。

子どもの未来をチームで描くとき、先生や親の未来への期待が、その子の成長と一緒に紡いでいけるように整える必要があります。今回のケースでは、「授業に参加できるか・勉強ができるか」という作業の形態だけでなく、どうしてそれが大切だと思うのかという**作業の意味も含めて未来を描く**ことが大切です。**葵人さんが相手に合わせ、社会が期待していることに興味をもち、先生や友達に影響を受け学んでいける**ということを将来の姿として捉え、現在の目標に落とし込みながら未来を描いていきます。

［将来の姿］葵人さんが相手に合わせ、社会が期待していることに興味がもてるために
↓［現在の目標］まずは、友達や先生を良好に意識できることから始めましょう。
［将来の姿］先生や友達に影響を受け、学んでいけるために
↓［現在の目標］まずクラス活動に興味をもてることから始めましょう。

このように介入当初から、いまチームが取り組んでいることが、未来に期待するその子の生活に、どのように影響していくのか、明確に意識できるようにしていきます。

葵人さんの場合、未来に期待する生活への橋渡しを行うためには、多くのステップが必要でした。そのため3年生になるまで作業療法は続きましたが、どの段階においても、常に［将来の姿］↓［現在の目標］を照らし合わせて取り組んでいきました。今年度、3年生になった葵人さんは、みんなと一緒に授業課題に取り組むようになっています。幼稚園の頃と比べると［将来の姿］↓［現在の目標］の感覚的な距離は短くなっており、もうチームでは、その未来を私が架け橋をつながなくても描けるようになっています。このようになれば、卒業も近いかと思います。

Part 4

「届けたい教育」の実現〈実践〉

仲間知穂

これまで届けたい教育を叶えるための視点や関係性、チームづくりや対話について伝えてきました。それでは実際にはどのように進めているのでしょうか、保育園、小学校、中学校それぞれの生活で行われてきた実践を通して、これまでの視点や技術について深めていきましょう。

Chapter 1

保育園での実践

一樹さん
（年中4歳、男の子）

1 届けたい教育で目標を決める

先生「友達との交流では友達が作った物を平気で壊してしまい、自分の気に入らないことがあると怒って手を出してしまいます。人を傷つけることに抵抗がないようで心配しています。

食事の時は姿勢も悪いし、自分が嫌なことはまったくやろうとしない子です。気に入らないことがあると机や椅子を投げるなど、自分の行動にブレーキが効かない様子もあります。何も理由がないのに、人を殴ってしまうこともあります」

仲間「確かに、友達や物への攻撃的な様子は、集団活動の中でも大変かもしれませんね。そのことで先生もいま困っているということですね。

ちなみに、もし一樹さんが友達を殴ったりせず交流ができるのであれば、どんなことを保育として届けたいと思いますか。自分が嫌なことをやらないと拒否する様子があるとお聞きしましたが、

先生　もし、そうでなければ、どんなことを一緒にやりたいと思いますか」

先生　「友達と一緒に遊ぶことは、お互いの思いを知って、合わせようと思う心を育てることに重要だと思っています。食事など姿勢が悪いことよりも、そういったルールに合わせようと思う気持ちが育ってほしいと思っています」

仲間　「そうすると友達と一緒に遊べることや、食事など身の回りのことができるようになることは、先生にとっても大切なことなんですね」

先生　「そうなんです。本当は一樹さんも友達が好きなんだと思っています。それは、本人の行動や、一生懸命、友達に関わろうとしている姿からも感じています。そう考えると、彼が楽しく遊べている時間は少ないなと思います。楽しく遊べることもまずは大切にしたい」

仲間　「なるほど。先生は一樹さんの友達が好きな気持ちも大切にしたいということなんですね」

先生　「一樹さんはうまくできないことを拒否してしまうけど、本当は困っているんだと思っています。困った時は保育者を頼ってほしいなと思っています。不安だから攻撃的になってしまうのかなといまは感じます」

この対話を通してチームの目標は

❶友達と一緒に楽しく遊び、相手に合わせることを意識できる。
❷身の回りのことは、先生の指示や流れに合わせようと意識できる。
❸困ったことや不安なことは、友達や先生の協力を得て安心して解決できる。

2 情報収集（作業遂行分析）

集団リズム

【活動開始時の様子】ピアノの音に合わせて走ったり、四つ這いで動いたり、ブリッジのポーズで止めたりしています。

△ 一樹さんは、すべての活動において、手足を協調的に動かすことがうまくできず、複雑な動きになると全身を固める傾向にあります。
◎ それでも最後までやり続けました。
○ 遅れやうまくできないことに対し、友達を真似することで修正しようとしています。
△ しかし、全体的には遅れとズレが目立ちます。
▲ 本人もできたと感じておらず、不安そうな表情のままリズムの時間を終えています。

友達とのブロック遊び

【活動開始時の様子】リズムを終えてすぐ、室内での自由遊びの時間が始まります。先生からの声かけは少なく、この流れは習慣的な活動のようでした。子どもたちは一斉に友達を誘ったり、自分の好きな遊びコーナーに向かったりしています。

△一樹さんは、すぐに遊びを決めたり、友達を誘うことはできませんでした。

いろいろなコーナーに行って友達の遊びを覗き込み、ただ、部屋の中をホロホロ歩き回っています。

○最終的にはレゴコーナーに入って遊び始めることができました。

▲先にいた一人の男の子に対し向き合うなど、交流を始められる適切な位置に座ることができません（身体は友達のいない方向を向き、少し離れて座る）。

○レゴに向かって座ることはできました。

△レゴ遊びでは、車や船などの目的に合わせて作ることはできず、ただ上に積み重ねていきます。

○友達を見て、同じように作る（真似する）ことはできていました。

○▲意図的に真似する様子から本当は何かうまく作りたいと願っているようです。

▲ブロックを操作する際、手の動きに合わせて姿勢をコントロールすることができず、イラスト（163ページ）のようにただ手を伸ばす形になります。そのため力の調整や力の入れる方向が定まらず、せっかく積み上げていたブロックをすべて崩してしまいました。

▲その他にも多くの物の操作がうまくできないがために、積み上げたブロックが途中で崩れてしまうことが多いようです。

◎友達が作っている船を手伝おうとブロックを手渡す。

▲友達を手伝おうとして相手のレゴの船も壊してしまう。

▲そのことで、気持ちも落ち着かず、レゴコーナーを出て行ってしまう。

その後すぐ、おままごとコーナーに行きますが、すでに3人の友達で遊びの流れも出来上がっています。

やはり入れず周りをウロウロしています。

先ほどの気持ちの落ち着かなさも残っていたのか、結果的にママゴトの道具をすべて投げ散らかしてしまいました。

○投げ散らかした後、その場にいた友達の表情を気にしています。一樹さんも悲しそうな表情をしています。悪いことをしたと感じているようです。本当は本人も、そのようなことをしたいとは思っていなかったと感じます。

▲一樹さんがやったことに対して、3人の友達（特に男の子）が先生にクレームを言いにいきました。その様子をじっと見ていた一樹さんは、さらに表情がこわばります。

▲報告に行った男の子と取っ組み合いの喧嘩になります。

3）作業ストーリーとして理解するための情報共有

ポイント● 期待されていることに合わせられない。満足できない

期待されていることをよく理解しています。そのことは、相手に合わせることを願う保育が届いているところです。

しかし一方で、常に自分は期待通りできないという不安をもっているようです。そのため、クラスの一員として自信がもてない（役割形成ができない）状態が見られています。これでは一緒に遊ぶことや、みんなに行動を合わせることに自信がもてません（図1）。

〈うまくできないこと：問題点〉

● 友達同士の遊びの流れを理解することができず、輪に入ることができない。

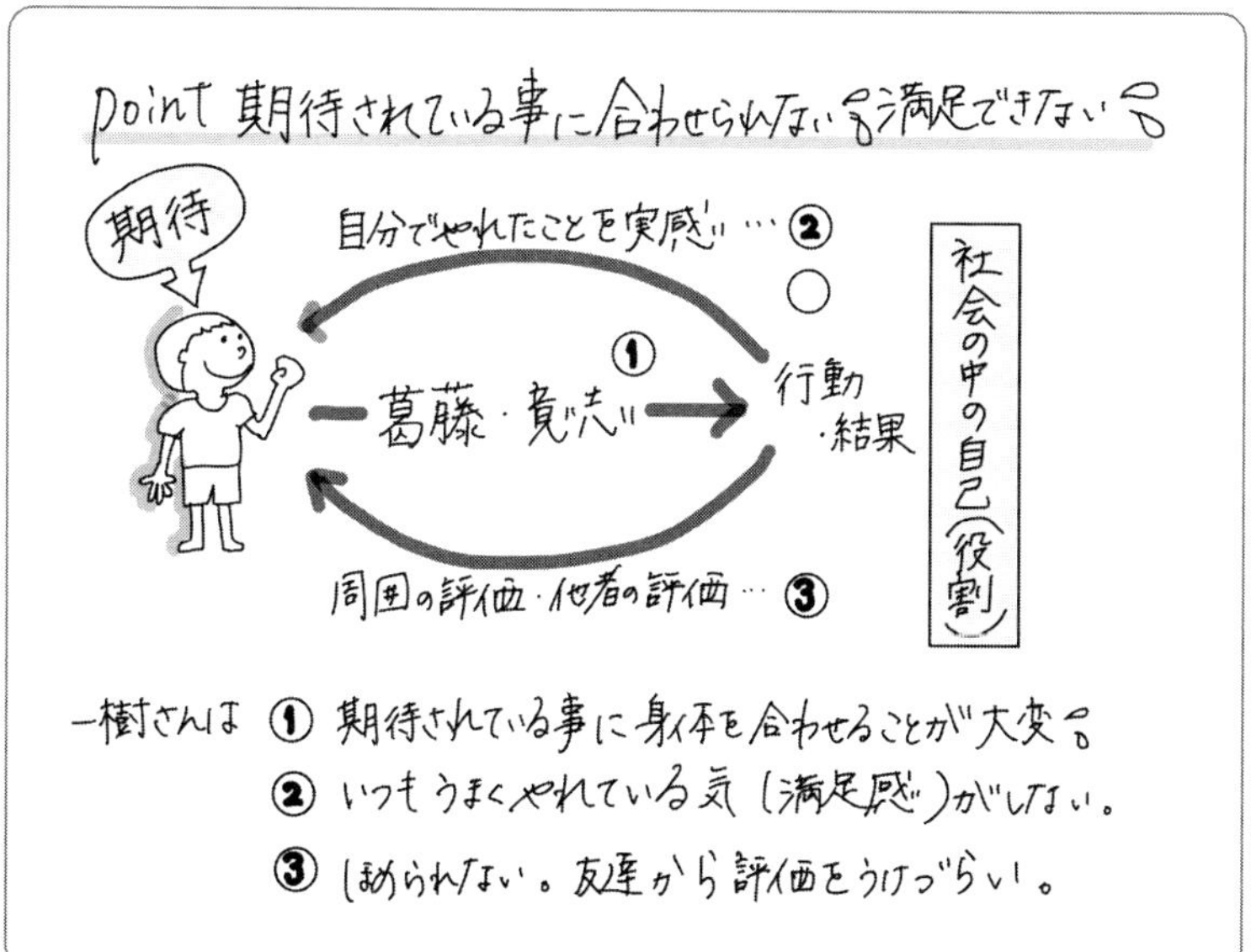

図1）一樹さんが期待されていることに合わせられない理由
（実際に仲間が先生と共有したイラスト）

- 目に見えない人の流れなどを理解することが苦手です。
- 道具の操作では、力加減や力の入れる方向が定まらず、うまく操作できないことが多いため、周りにも迷惑をかけてしまう。

力の調整など、自分の運動の微調整はまだ未熟で、手足の動きに対して姿勢を調整することが苦手です。そのため想定通り動くことができないのです（図2）。

〈うまくできていること：利点〉

- リズムのように音楽で動きが決まっているなど、何をすればいいのか明確なことには参加しやすい。
- できることは最後まで頑張れる。
- 期待されていることは、最後まで頑張りたいと思っている（スピリチュアル）。
- うまくできない時は、友達を見て修正をする（模倣することは上手）。
- レゴの正面に座るなど、物を通しての自分の位置の把握はできている。遊びごとにコーナーがつくられ

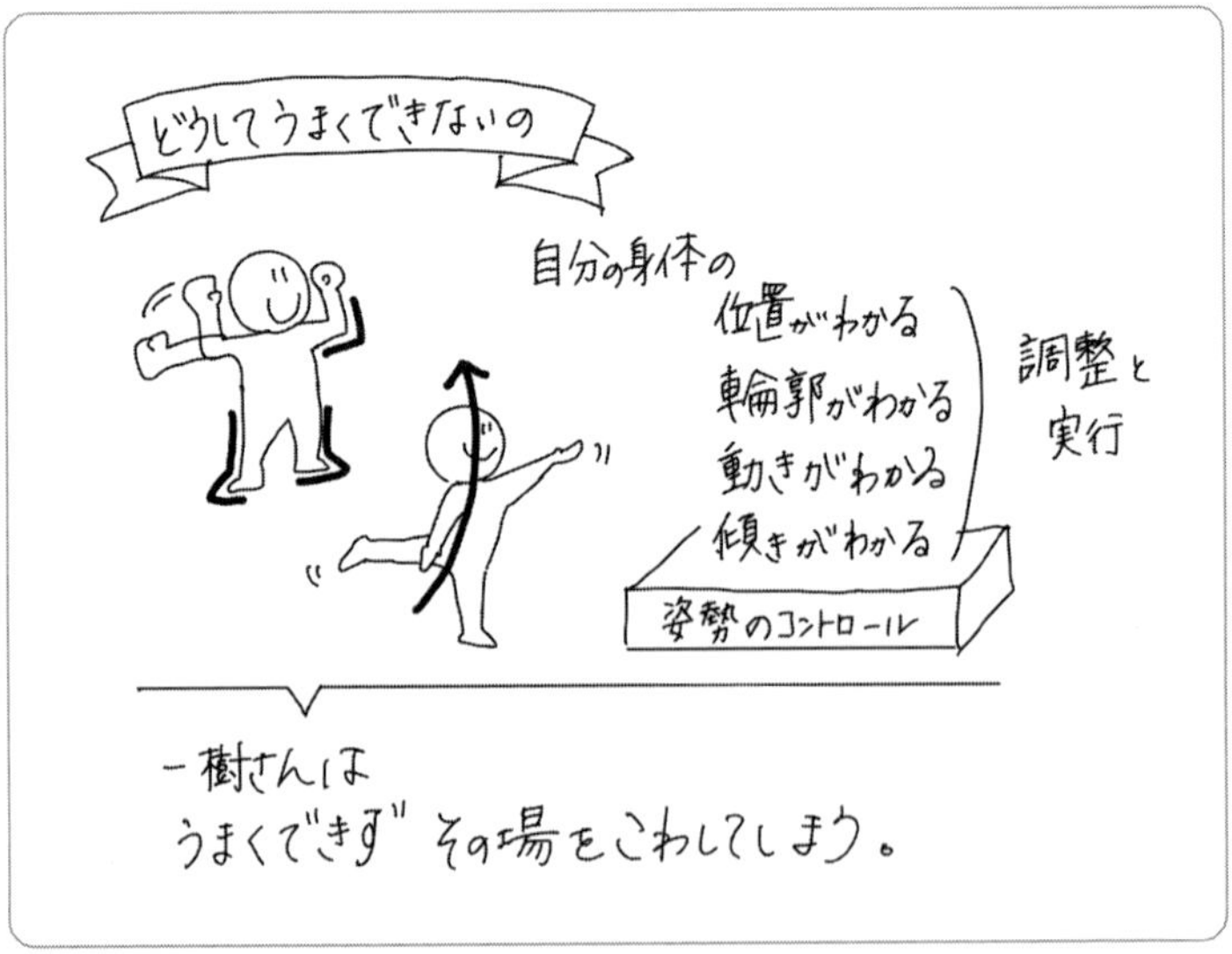

図2）一樹さんがうまくできない理由

ているため、一樹さんはそのコーナーに入ってしまえば、その遊びを通した交流のきっかけづくりができる。

- 相手に申し訳ないという思いをもっている様子からも、本当は思いやりがある。
- 不快感の解消方法に、現状のような衝動的な行動に任せることを本人は望んでいない。

4）プランの立案

プラン1 ● できることから活躍の場を増やし、自分らしく安心して参加できる活動を増やす

- 一樹さんができることを中心とした交流の場をつくる。
- 明確な役割（得意なことは教える、ブロックを集めるなどわかりやすい係）をつくることで、安全に参加し続けるようにする。

〔めざす成果〕

安心できる作業のテリトリーを広げ、その範囲が広がるにつれ、自分らしくいられるようになる（安心する）でしょう。不安や焦りから、衝動的な行動をしてしまうことも多いようです。一方で、安心して参加している時は、相手を気づかう行動ができるので、友達からも認められる機会が増えるでしょう。

プラン2 ● 衝動的な行動を注意する時に、人格は否定しないようにする

- 自分らしくいられない間は、わざと注意される行動（試し行動）をして、みんなの目を自分に向かせようとしてしまう。そのような行動は、相手に危害を加えることもあるので、行動自体を注意することは大丈夫。
- その時に本人の人格は否定しないようにする。

「椅子は投げたら危ないのでダメです」↓行動の指摘なのでＯＫ。

「なんで、こんなことするの？」↓人格を指摘する質問なのでよくない。

「一樹さんが何をしたかったのか、先生は知りたいのだけど、教えてくれる？」↓行動の理由を、その子自身が話せる機会をつくることはＯＫ。

〔めざす成果〕
この関わりは、自分が本当にしたかったことを聞いてもらう機会になります。このことは、いますぐうまくいかなくても、社会（先生）に理解してもらえると実感がもてるため、クラスの中の自分の安定（役割形成）が期待できます。もともと一樹さんは、みんなの役に立ちたいと願っているので、できることが増えていくと思います。

プラン3 ● 期待されている活動を、一樹さんができるレベルに合わせる

- 保育園で期待されている活動の多くが、レベル的には一樹さんには高い。
- 活動のレベルを下げ、一樹さんにとって、できる見通しがもてることを保障することで、自信をもって取り組み、困ったことは安心して相談できるようにする。

〔めざす成果〕

できることで自信がつく！　失敗しても安心して相談できる環境が整うことで、失敗を怖がらなくなる。

Chapter 2

小学校での実践

良太さん
（小学1年生、男児）

1 届けたい教育で目標を決める

先生「授業中、平気で立ち歩き、勝手に虫を捕まえに出て行ってしまいます。自分の話をせず、授業の内容を中断させてしまうことも多いです。子どもたちは彼の行動に慣れ始めていて、良太さんの行動に対して、否定的に見る子は少ないのでそれは助かっています。
　気持ちの切り替えが苦手で、何かうまくいかないことがあると不機嫌になり、授業をやらない！と出て行くことも多いです」

仲間「なるほど、授業中の彼の行動に先生は不安を感じているということですね。いまのように授業とは関係ない行動をしたり、気持ちの切り替えができないと、先生の中でもったいないなと感じることは、どんなことですか？」

先生「もしかしたら勉強が苦手なのかもしれない。しかし、経験はそういった苦手なものを好きになったり、自分の力で何かを成し遂げるために、どうしたらいいのかを考えたりするために重要です。授業だけでなく、1年1組でのさまざまな経験を彼にも届けてあげたいのです」

仲間「嫌だからやらない、不安だからいなくなるといういまの状況ではなく、苦手なことでもクラスのみんなと乗り越えていくために、まずは経験を積ませてあげたいということですね」

先生「はい。まずは小さな経験からでいいので積み重ねるうちに、徐々に友達と一緒なら大丈夫、先生に相談すれば大丈夫と、できるための理由をたくさんもてるようにしてあげたいのです」

この対話を通してチームの目標は

❶ 授業で期待されていることに安心して向き合うことができる。
❷ 困ったときは友達や先生に助けを求められる。
❸ 気持ちを切り替えて活動に参加できることで、経験を積んでいくことができる。

2 情報収集（作業遂行分析）

授業の様子

国語の時間。先生は教科書を電子黒板に映しながら進めていきます。ノートに記載することは、黒板に先生が板書します。授業内容を深めるときは、グループワークが設けられていました。

▲良太さんは自分の席の近くにいましたが、チャイムが鳴ると教室の後ろに走って行き、自分が捕まえた、虫の入った虫かごを持って教室を歩き回り、友達に虫を自慢して回る。
▲歩き方や物の操作は、ドタドタと大きく音を立てて行い、移動するたびにさまざまなところに少しずつぶつかっている。
▲先生や友達に何度も座るように促されますが、聞こえないふりをして笑顔で虫を自慢して回ることをやめず、再度先生に注意を受けようやく着席する。
△授業が始まっても喋ることをやめません。話している内容はすべて授業に関することで、例えば、かぞえ歌についての説明が始まると「かぞえ歌〜♫」と調子をつけて言い続けるような状況です（〇授業内容を気にし続けている）。
△当番の友達が漢字ドリルの配布を始めると「僕のが来てない」と大きく叫び続けます（〇漢字ドリルに着目している）。

△漢字ドリルのワークが始まると机の上に置いたまま触ろうとしない。
○先生が近づきページを開こうとすると、鉛筆を探し始める。
◎ドリルを始めると集中し静かになる。
▲「ドリルを横にしまって、プリントだけ出してね」という先生の次の課題の指示に対し、不安とも恐怖とも言えるような表情を浮かべながら、ドリルを強く握りしまおうとしない。
▲先生からプリントに対する口頭指示が出されたタイミングで、配布されたプリントを食べる。
○授業（プリント課題）は無視しているが漢字ドリルはやり始める。
▲椅子と机と身体の位置を合わすことができない。ドリルは手前に抱えるように持ち、鉛筆は握りしめながら筆圧もコントロールできないまま強く書く。
▲プリント課題が始まって5分ほど経過すると、教室を歩き始め、虫かごを持って外に出て行こうとする。
○先生に注目されるように、わざと先生の前を何度も虫かごを持ったまま歩きまわる。出て行こうとするが出ては行かない。
▲良太さんの机の中は、物がぎゅうぎゅうに詰め込まれており、プリントはすべてぐちゃぐちゃに丸められている。ランドセルを入れるためのロッカーもさまざまな物が積み重ねてただ入れている状態で、積み重ねられた物によりランドセルはロッカーからはみ出し落ちそうである。

3 作業ストーリーとして理解するための情報共有

ポイント● 期待されていることができない不安が強い

良太さんは自分の身体を把握することがまだ苦手です。そのため、目の前のこと（特に相手から提示されたこと）ができるのかどうか、瞬時に理解することができないようです（図1）。

自分の状態（ボディイメージ）が把握できないことは、授業中の活動が展開していく中で、その環境の変化を把握することも難しくしています。そのため活動が切り替わると、何のために何をすればいいのかわからず、これまでやっていたこと（虫採り・漢字ドリルなど）に固執してしまうようです（図2）。

例え、漢字ドリルのように何をすればいいかわかったとしても、机上課題をし続けると（同じ動作が続くと）、自分の身体を見失ってしまい、動きたい（動かないと不安が強い）と感じ

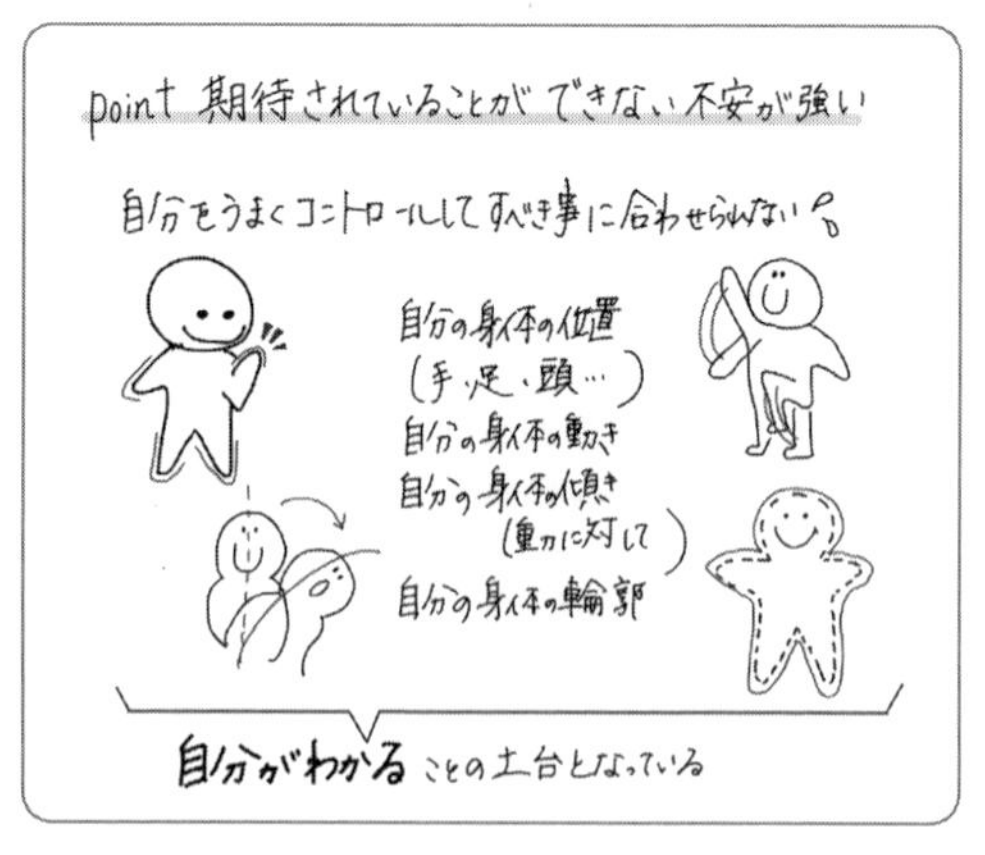

図1）

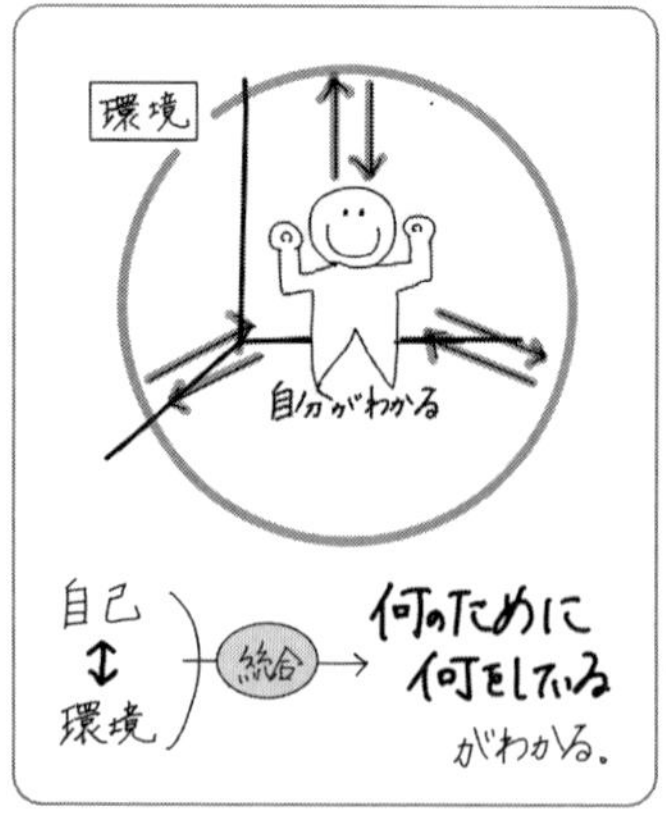

図2）

ます（図3）。
授業という大きな枠組みからも同様で、みんなと一緒に席に座って同じ行動を続けていると、授業という環境の中の自分を見失ってしまいます。その不安を解消するために、わざと虫採りなど、逸脱した行動をとっています（図4）。

しかし良太さんは、本当はみんなと一緒に授業を受けて、先生に認められたいと思っています。なぜなら、たえず授業内容を気にしており、先生の指示にも着目しているからです。漢字ドリルを配られる際には、自分のものが配布されたか気にする様子もあり、期待されていることを頑張りたい、できることは積極的に取り組みたいと願っているお子さんです。

ですので、これらの不安は、頑張りたいのにうまくできないと、良太さん自身も苦しんでいるのだと思います。授業の開始時も、途中でも、虫かごを持って出て行く素振りをするものの、結局、先生の前から離れることができない。彼の行動からもそれは強く感じます。

図3）

図4）

〈困っていること〉

- クラスの中で期待されている一つひとつの活動に対し、自分ができるかどうかわからないこと。
- これまで、できた！と確信をもてる経験が少ないため、できない自分をどう受けとめていいのかわからない（できない時にどうしたらいいのかわからない）こと。
- 期待されていることを頑張りたいという自分の真のニーズと行動が違うため、自分らしく安心して過ごすことができないこと。

〈うまくできていること〉

- 授業の内容に興味をもっていること。
- できると確信がもてることは積極的に取り組めること。
- 授業内容を理解する力があること。
- 先生との信頼関係があり、先生に認められたいと思っていること。

4 プランの立案

プラン1 ● 気持ちの整理を手伝いコントロールの練習をする

（1）気持ちの整理を一緒に行う。

- 気持ちの折り合いを手伝う。

● まずは不快な思いを吸収（「嫌だったねぇ。楽しかったねえ」と共感）→「そうなんだよね。ふんふん、だからこうしたかったんだよね。じゃあ一緒にこうしようか」と、現実のことに（授業など）参加できる方向に心の整理をしていく。

（2）気持ちの整理をしやすい工夫。

● その場で心の整理ができない場合は、一緒に歩きながら行い（運動を入れる）、気持ちの整理をつけやすくする。

● 先生の気持ちから先に伝え、安心できるようにする（例：「気持ちを話してくれてありがとう、先生はとてもうれしかったよ」）。

〔めざす成果〕

良太さん自身は認められたいと願い、できることは頑張りたいと思っています。気持ちの整理はそんな自分の本当の気持ちを、良太さん自身も気づく機会になるでしょう。一緒に話すことでその気持ちが言語化でき、より強い明確な自分のニーズとしてもつことができ、逸脱行為ではない、自分のニーズに合った行動の選択に役に立ちます。

プラン2 ● 1年1組の僕をつくるために、できることを丁寧に蓄積していく

● できることで授業が進めていけるように方法を提示する。例えばプリント課題は配布する前に、何をど

うすればいいのか視覚的に伝えておくなど。

- できないと不安や焦りがいまは強いため手伝うことを中心にする。

プラン3 ● 授業に集中しやすいように「身体を認識できる機会」をつくる

- 授業中回りながら、背中を擦ったりして本人が身体をチェックできるようにする。
- 授業に動きを入れる。
- 子ども同士で助け合う・修正し合う。

プラン4 ● 未来は希望で修正する

- いまはまだうまくできない時期で、どうしても天邪鬼な行動をしてしまいます。そのため行動の修正は「禁止」「注意」よりも、○○できるといいね！と希望で修正を促す。

〔めざす成果〕

少しずつでいいので、自分のニーズに合った行動が成功する経験は、自分への自信につながります。そんな行動を頑張る良太さんの姿は、友達の「良太さんらしさ」の認識を変え、周囲の応援やサポートも変わっていきます。

Chapter 3

中学校での実践

彩さん
（中学1年生、女子生徒）

1 届けたい教育で目標を決める

担任の先生　「彩さんは授業中に勝手にいなくなるのです。しかし、不思議と理由はちゃんと言ってくれます。なんだか、雰囲気的には思いついたらやってしまうって感じですかね。しかも、一度やろうとすることを止められると『ぎゃー』っと泣きわめきます」

教育指導の先生　「体育の時は特定の友達とつるむことが多いです。体育などの授業で期待されている課題に対して、基本的にクラスの生徒は指示通りにやってくれますが、彩さんは絶対やらない。先日もそのようなことがあり、私が『じゃあいいよ（やらなくていい）』と言うと『やる！』と言ってやりはじめた。普段からこんなことが多い」

担任の先生　「とにかく授業中は落ち着かない。みんなの邪魔をする。見たことに反応するのです。前に、授業中に前の女の子の髪を切ろうとしたことがあり、あとで話をしても『何が悪いの？』といった感じで、善悪の判断もできていないのではないかと思う。
注意されるとギャーっと泣き出すこともあり、基本指導は彼女には入らない。
　こういった感じなので、授業中に注意しても修正できず、かといって他生徒の邪魔をするから放っておくこともできない」

仲間「なるほど。かなり授業中の彩さんの行動に悩まれているということですね。これまでいろいろな方法で、その行動の修正を試みられていますね。しかし、それでもなかなかうまくいかないということですね。
　ところで、授業中の彩さんの行動に一番心配したり、願ったりすることはどんなことですか？なぜ、彼女が授業目的とは違う行動をすることに不安を感じますか？」

担任の先生「彼女の行動は、反抗しているわけでもないし、止められることを待っているような感じもします。きっと何らかのメッセージだと思う。小学校の頃は、友達とトラブルがあると学校に来られないこともあったそうです。そのため、中学校という社会の中で、安心してまずは生活できるようにしてあげたいのです」

仲間「なるほど、中学校で安心した生活を獲得するために、大切なことはどのようなことでしょうか」

教育指導の先生　「中学生になると、彼女のような不適応な行動は、友達との距離をつくってしまいます。すでにうちのクラスでは、彼女から離れたいとあからさまな振る舞いをする生徒も出てきています。そのため、やはり授業の中で、多少のズレがあってもルールを意識したり、尊重しているとみんなに伝わるような行動が、クラスの参加には大切だと思います。

それと、彼女の行動から察するに、何らかの助けが必要なんだと思うのです。しかし、いまのような振る舞いは誤解をつくり、教師ですら彼女から距離をとりかねない。そういった誤解をさせず後々は、ちゃんと助けてもらえるような関係性がつくれるようになってほしいと思います」

この対話を通してチームの目標は

❶クラスの一員として安心して参加できる。
❷クラスの仲間や先生を尊重した（相手にも伝わる）行動がとれる。
❸集団生活のルールを意識して参加できる。

2 情報収集（作業遂行分析）

英語の授業

先生は授業開始から明るくクラス全体に声をかけている。ノートを出すこと、教科書を開くことなど詳細に説明をしている。電子黒板に教科書の内容を映し出しながら、黒板にはノートに記載してほしい内容を板書していく。

授業開始時から、よく彩さんは名前を呼ばれて役割を任されている。

▲ 教科書とノートは準備しておらず、机の右上にブラックジャックの本が2冊置かれている（図1）。

△ 先生から準備を口頭で促されても、先生の顔を少し見ただけで行動はしない。

○ しかし、先生が自分のそばまで来ると、パッと先生の顔を見て笑顔になり、先生が準備をしてくれる（自分の机の中から物を出す）ことに拒否はなく、むしろうれしそうに見ている。

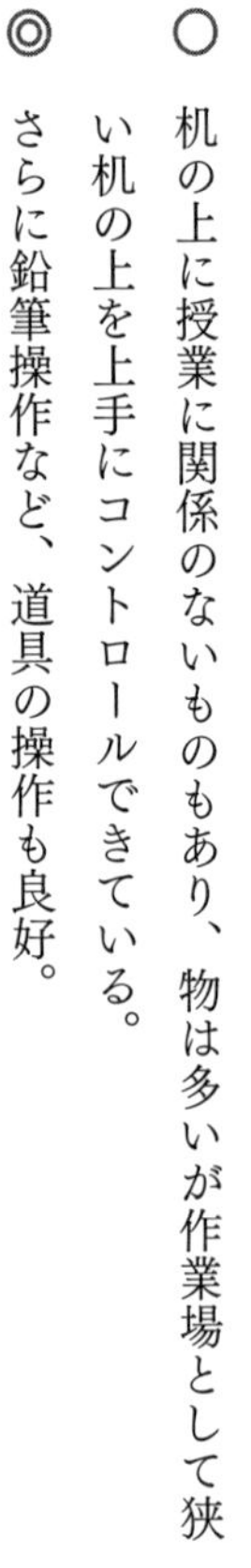

○ 机の上に授業に関係のないものもあり、物は多いが作業場として狭い机の上を上手にコントロールできている。

◎ さらに鉛筆操作など、道具の操作も良好。

図1）

▲一斉授業の学習課題（教科書の音読・ワーク）は、クラスのみんなが取り組むタイミングではまったく興味を示さず無反応なことが多い。

○しかし、先生に直接取り組むように指示されると応じて取り組む。

◎先生に名前を呼ばれるとよく反応し、◎先生に頼まれた手伝いなどは笑顔で引き受ける。

▲授業中は常に横を向いている（図2）。▲足を床につけることは少なく、椅子の上で体育座りのように足を抱えて座ることが多い。

△常に身体をクネクネ動かしており落ち着かない。

◎ノートの字はとてもきれい（△きれいに書けている字を消して書き直すことも多い）。

◎ペアワークのための席移動は積極的に行い、◎その後のペアワークも楽しそうに行う。

◎リトルティーチャー（授業内容を他生徒に教えて巡回する）を積極的に行い、笑顔である。

△リトルティーチャーでは特定の生徒にしか関わらない。

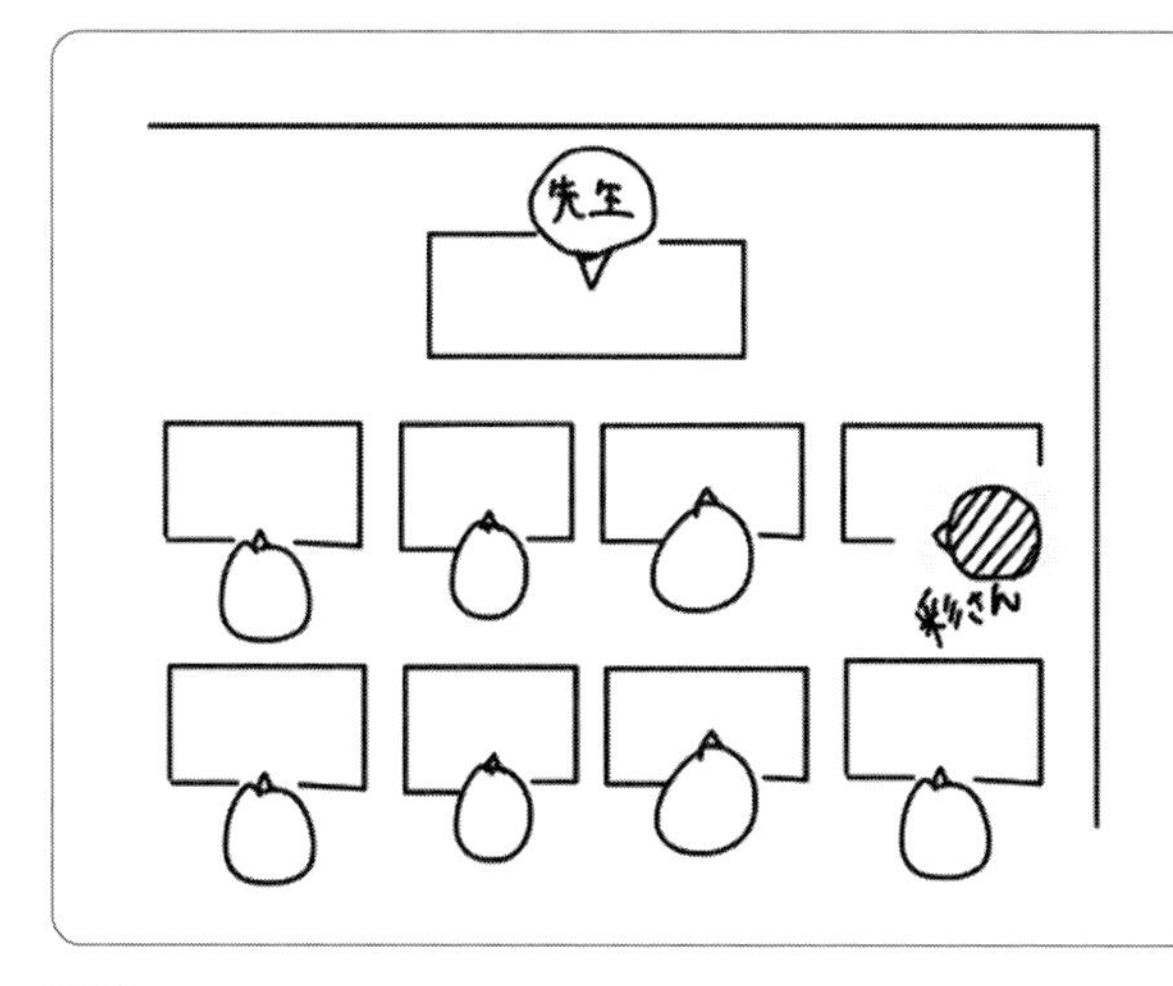

図2）

社会の授業

特に指示はなく黒板に教科担当の先生が板書し始める。教科書やノートを中心とした授業で、電子黒板はほぼ使わない。

▲チャイムが鳴っても廊下で友達と話をして戻ってこない。▲チラチラと教室を見るが戻らない。▲先生に注意されて教室に入るが、▲「先生嫌いなんだもん」と大声で言いながら戻る。

▲授業中大きな声で自分の話をし始める（授業とは全く関係のない内容）。

△授業の内容には向き合わずブラックジャックを読み始める。

▲5分ほどすると教室内を立ち歩き、友達に声をかけて筆箱の中身や次の休み時間の話をする。△（友達はあまりその会話に付き合わない）すぐ別の生徒のところに行く。

▲最終的には自分の席に座らず友達の席に勝手に座る（その席の生徒はプリント配布を手伝うため離席していた）。

休み時間

次の授業の準備を目的とした10分休憩。

▲一人の男性生徒を過剰に追い回す。▲相手は嫌がっている表情で逃げるが追い回し続ける。▲「追い

かけてあげたのよ！　せっかくのモテ期、無駄にしないで」と大声で叫ぶ。

△常に人や壁に触れようとする。△両肘・両膝関節過伸展で、壁を押し続けるなど過剰に身体に圧力をかけ続ける（図3）。

3）作業ストーリーとして理解するための情報共有

ポイント● 自分が学校にどのような存在でいればいいのか（社会的アイデンティティ）不安が強い

私たちは自分が所属している社会の中で、どのような役割を担う存在なのかを感じ取りながら生活しています。そのことが自分の行動を決め、そして、その行動が効果的であったかを振り返ることができます。このように社会の中の役割を実感していくためには、自分の行動を振り返り、環境が求めていることと照らし合わせる必要があります。

彩さんは常に椅子の上に足をかがめたり、壁を強く押したり、大声を出したり、身体の関節を強く押して生活することが多い様子です。このことから、自分の身体や行動の状態の認識が薄く、自分の行動を実

自分がしている事の実感がうすい。
● いつも動いている。落ちつかない。
● すぐ人に触れたがる。
● 常に柱や壁にもたれる。押す。
● 机や椅子にまっすぐ坐われない。
△ その場でどう行動したらいいかわからない。不安
△ みんなと同じ行動をすると自分を見失う。
→● 授業中 同じ 期待 からわかりやすく逸脱する。
→● 自分の席に坐わらない。
→● 先生などモデルとする人の身なりをまねる。
→● 字をきれいに書く。過剰に修正する。

図3）

感し振り返ることができずにいます。彩さんは社会の中での役割や存在を見出せずにきたのだと思います。

ポイント● 自分探しのために試行錯誤する行動が、周囲に誤解や不安を与えてしまう

彩さんは、集団生活の中で実感しづらい自分の行動を、友達や先生にポップアウトしてもらうために、目立つような逸脱行動を頑張ってやっているようです。このような自分が認識するための行為は逸脱行動だけでなく、先生の手伝いや、グループワーク、ノートの字をきれいに書くなどの社会の期待に沿った行動を積極的に行うことでも見られます。先生が直接自分に関わってくれることでも満たされるようで、よく反応しています。

彩さんが1年1組での役割を獲得するためには、授業などでクラスの作業を行い、そのことに彩さんが価値をもてたり、やれたことを実感するような内的期待と、周囲の評価やルールなどの外的期待とのサンドイッチが重要です。しかし実感が薄い彼女にとって、外的期待に依存するしかありません。これは小さい頃から続いてきたと思います。このことは「自分は大丈夫なのか」と外に意識を向け

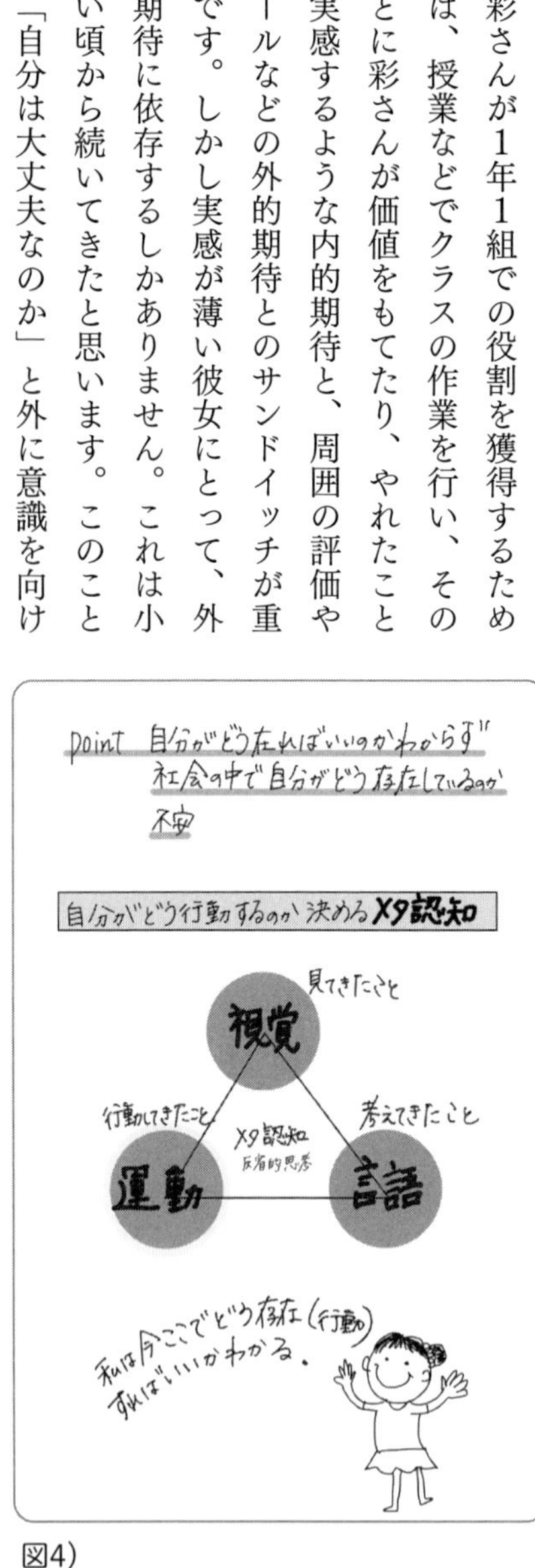

図4）

続けなくてはいけず苦しかったと思います。いまのような、学校の参加スタイルは、そんな状況から身を守るための方法かと思います。

自分の行動を自分で決めていくことのできる力（メタ認知）は、見たり、行動したり、考えるといった経験から蓄積することができます。彩さんが安心してクラスに入ることができれば、自分の行動を決めていく力は育つと思います。

4）プランの立案

プラン1 ● 授業の中に明確な役割をもたせる

- 授業前に「この問題解けそう？ 発表してもらうからね」と活躍の場を予測できるようにしておく。
- 生徒の発表内容を黒板に板書することや、プリントのチェック、プリント配布、丸付けなど、役割活動をつくる。
- 役割については「先生っぽい」など、まずはイメージしやすい役割から、徐々に特別感が少ないものでも担えるようにする。

プラン2 ● 授業の中の自分の存在をポップアウトできる環境をつくる

- クラスの中の役割（社会的アイデンティティ）を構築するまでは、まず安心できることを第一にする。そのためにしばらくは特別感があったとしても、彩さんの存在を認識しやすい環境をつくる。

・クラスの生徒に理解を求め「今日安心できる席はどこ？」と先に選択できるようにすることで、席の移動を身勝手なものではなく認められた行為にする。この方法は席を取り替える側にとっても、その日一日、いつもと違う感覚が味わえるため、お互いにいい影響があると思います。希望があれば、彼女以外の生徒も交換できることを考えていく。
・ペアやグループ学習を取り入れ、自分の存在を感じられる場をつくる。

〔めざす成果〕
自分の役割が保障されることで、授業に警戒せずに参加することができます。役割活動は集団の中に参加した時の、自分の認識につながり、逸脱した行動で認識を無理につくりださずにすみます。はじめは特別な役割行動であったとしても、授業という流れに沿って参加できることが習慣化すれば、特別な役割ではなくても安心できるようになり、やがて、みんなと同じように、授業で期待されている活動に応える行動でも安心してできると思います。

Part 5
社会問題と向き合う

仲間知穂

ここではその人がその人の生活する場（環境）で、その人のやりたいこと、する必要があること、してもよいと思うこと（作業）ができることに焦点を当て、社会的に問題と感じられることと向き合うとどうなるのか、それでも幸せを追求できるのかについて考えてみたいと思います。

学校と家庭の連携が難しいケース

1 学校と家庭の連携

これまでさまざまな先生と面談してきた経験から、どの先生も家庭との連携を望んでいました。学校でのことはもちろん、先生が中心となって取り組むものではありますが、その効果としての子どもの成長は、家庭と共有して喜びたいと願っている先生が多いのです。もちろん、家庭も同様に願ってはいるものの、学校と家庭の連携がうまくいかないケースがあります。その理由にはいくつかの問題点があげられます。

学校と家庭で子どもの様子が大きく違うケース

例えば、学校では不安が強く教室に入れなかったり、暴言や暴力のような攻撃的な反応が出てしまうお子さんだと、学校側は早急な対応が必要だと感じます。しかしお子さんによっては、家庭では落ち着いていて、問題を感じない状況のお子さんもいます。またその逆で、創さんのように、学校では授業にも参加して特別問題が見られず、やればできるお子さんだが、家に帰ると大暴れして学校が苦しいと叫んでいるケースもあります。このように学校と家庭で子どもの様子が違う場合、連携が難しいことがあります。

〔親の不安が強いケース〕

集団行動の場で適応が難しいと周囲が感じるお子さんの親は、これまでも健診や保育園で発達に関する情報提供を受けており、その情報に対し不安を感じ、そのことから目をそらして生活してきている場合があります。そのため学校で適応できていないという現状に関しても不安から向き合えないことがあります。

その他にも家庭環境に余裕がない場合も、学校生活のことをさらに言われることについて受け入れられないケースもあります。

〔学校と家庭がそれぞれの理由で連携に不安があるケース〕

子どものこととは直接関係なく、互いに不安を感じているケースもあります。以前担当したケースでのことですが、授業中寝てしまう小学4年生の男の子に先生が話をしたところ、その男の子が最近、親の帰りが遅いことを理由として話したため保護者に連絡を入れました。保護者はその電話のやりとりで、自分の子育てについて指摘されたと感じ、先生に対して不信感を抱いてしまい、私が関わったタイミングでは、学校と家庭が互いに相手を指摘し合っている状況でした。晴人さんの状況もまさにこのケースです（119ページ参照）。このような互いの行為に対する感情的なすれ違いから連携できずにいることもあります。

〔先生に余裕がないケース〕

先生が学級経営に余裕がなかったり、自身の仕事とプライベートの生活のバランスがとれていない状況のときは、保護者との連携が精神的・時間的に難しいことがあります。

2 希望で連携することの重要性

届けたい教育に焦点を当てるということは、そもそも問題の実態を追求するものではありませんので、学校での様子と家庭での様子が違うことも、どちらが本当なのか？　どちらに問題があるのか？という問いをもつ必要はありません。学校と家庭での様子が違ったとしても、それは一つの事実として、届けたい教育を叶えるための材料に過ぎません。

例えば、創さんのケースでは、学校に安心して登校し、期待されている活動に取り組み認められる経験を積むことがチームとしての届けたい教育（目標）でした。登校できれば授業に参加できる学校の様子も、学校で頑張ると家では不安定になる家庭の様子も、その目標を叶えるための大切な情報です。

授業に参加できることは利点として、頑張りすぎると家庭学習や休憩ができないこと、翌日の登校に支障が出てしまうことは問題点としてチームで共有することで、学校と家庭がそれぞれの役割でできることやすべきことを一緒に作戦として練ることができます。学校は先生だけが頑張ること、家庭は親だけが頑張ることとせず、すべては目標を叶えるための自分ごとの情報として取り入れることができるのです。

いま、この子に何を届けたいのかという希望が会議の中心ですので、子どもの問題行動の責任や障がいの有無なども中心的な話題ではありません。どんなことをこの子のために届けたいのかという対話からスタートする会議は、親と先生の関係性の影響よりも、子どもに対して自分はどんな希望をもっているのかという親と子、先生と子のニーズからはじまります。

これまでの私の経験から、開始時に親と先生の関係が良好ではなかったとしても、その子の届けたい教育の実現に携わる過程で関係が修復されることが多くあります。**届けたい教育に焦点を当てることは、いわば学校と家庭との関係性を良好にするきっかけにもなる**のです。

子どもの貧困問題

日本における「子どもの貧困」とは「相対的貧困」のことを指します。相対的貧困とは、その国の等価可処分所得（世帯の可処分所得を世帯人員の平方根で割って調整した所得）の中央値の半分に満たない世帯のことを指し、子どもの貧困とは相対的貧困にある17際以下の子どもの存在および生活状況のことを指します。

子どもの貧困率は（2022年調査）[*1] 11・5％で、全国で特にひとり親家庭の子どもの貧困率が高く、その割合は44・5％にも及びます。また、新型コロナウイルスの影響により、貧困状態にある家庭の子どもたちの教育格差が拡大しているとの報告もあります。

沖縄県では特に、この問題は深刻化しており、29・9％（2014年）と、全国で最も高い水準となっています。沖縄県での子どもの貧困問題には、他県とは異なる背景があります。また、沖縄県は過疎化が進み、高齢化率が高いことから、若年層の収入水準が低く、貧困の連鎖が進んでいます。

1）子どもの貧困問題と子どもの教育環境

この表1は内閣府の世帯の所得と子どもの学力を調査したものです。主要教科に関わる学力についてみていくと、世帯収入と学力は比例関係にあり、世帯収入と子どもの学力の両者が関係していることがわかります。

〔家庭環境と学習の機会〕

このように、子どもの学力形成が家庭の経済力や出身階層によって左右されるという傾向は、「社会階層と社会移動に関する全国調査」（SSM調査）に基づく研究などが早くから実証的に明らかにしてきました。

どうして、家庭の経済的環境が学力形成に直接的な影響を及ぼすのでしょうか。その要因として次のことがあげられます。[*2]

1）勉強部屋の有無のように、家庭内に集中しやすい学習環境があるかという環境の要因。

2）通塾のような学校外での

表1）「世帯収入（税込年収）」と学力の関係（2014）

	小6					中3				
	国語A	国語B	算数A	算数B	%	国語A	国語B	数学A	数学B	%
200万円未満	53.0	39.0	67.2	45.7	6.7	69.1	58.6	51.5	30.0	7.5
200万円〜300万円	56.8	42.7	70.4	50.8	8.2	71.2	60.9	55.2	33.1	8.6
300万円〜400万円	58.4	45.0	73.6	53.3	12.6	73.9	63.4	58.4	35.5	11.8
400万円〜500万円	60.6	47.0	75.1	56.2	14.9	74.8	65.2	60.6	37.9	13.3
500万円〜600万円	62.7	48.8	77.6	57.9	14.0	76.6	67.6	63.6	40.4	13.7
600万円〜700万円	64.8	52.5	80.1	61.3	11.9	77.6	69.2	66.6	43.5	12.1
700万円〜800万円	64.9	52.4	79.7	62.2	10.4	78.7	70.9	68.6	46.6	10.2
800万円〜900万円	69.6	57.6	83.2	66.0	6.3	79.7	71.8	69.6	48.1	7.0
900万円〜1000万円	69.3	55.1	82.7	66.4	5.0	80.9	73.3	71.6	49.9	5.5
1000万円〜1200万円	69.6	55.5	83.9	67.9	5.3	81.8	73.9	72.8	52.6	6.0
1200万円〜1500万円	70.8	59.4	84.5	67.1	2.6	83.0	75.8	75.1	54.7	2.8
1500万円以上	75.5	61.5	85.6	71.5	2.1	81.8	75.9	73.4	53.4	1.4
合計	62.8	49.5	77.2	58.5	100.0	76.3	67.3	63.5	41.4	100.0

出典：内閣府「日本の子供の貧困に関する先行研究の収集・評価」
https://www8.cao.go.jp/kodomonohinkon/chousa/h28_kaihatsu/3_02_2_2.html

学習機会の有無。

3）家事・家業の手伝いをせざるを得ず、家庭での時間に自由がない。

4）朝食や夕食などがいつも準備されていないなど、生活のリズムの不安定さ。

5）読み聞かせやニュース会話などの家庭内の文化資本の違いによる、学習への興味・関心や知的好奇心・学習方法への影響。

これまで私が担当してきたケースでも、これら5つの背景から学校生活や学習に支障を来しているケースは実際にありました。

〔子どもの教育の機会とは〕

> 教育基本法第4条（教育の機会均等）すべて国民は、ひとしく、その能力に応じた教育を受ける機会を与えられなければならず、人種、信条、性別、社会的身分、経済的地位又は門地によって、教育上差別されない。

憲法で保障されているように、子どもたちの生まれた環境で、教育の機会に差が生じることはあってはならないことです。この課題に私たち大人がしっかりと向き合う必要性を感じています。親の学歴が子どもの教育環境に影響を与えるのであれば、子どもの教育の機会を保障することは、この負の連鎖を断つことになります。

そして子どもたちの**生きる権利・育つ権利・守られる権利・参加する権利**を重視し、家庭環境によって、学校の参加や育ちが阻害されないようにする必要があるのです。

2 子どもの教育の機会を保障する

子どもたちが生まれ育った環境に左右されず、学校生活が保障され、教育を受け、友達と遊び、自由にやりたいことを選択できる生活を、私たちゆいまわるは大切にしています。

この事例は2019年に発行された『学校に作業療法を』（クリエイツかもがわ）の本でも紹介しました。

支援学級所属の小学2年生の湊さん。いつも遅刻して登校し、学習に集中できず、まだひらがなも書けない状況でした。両親とも精神的に不安定で職も安定せず、経済的に苦しい家庭でした。その家庭環境から、湊さんは、家庭では家事と妹の世話に追われ、勉強をする時間をつくることができませんでした。さらに、家事を失敗するたびに親に注意され、湊さん自身も精神的に不安定でした。

私たちチームは届けたい教育目標を立案し、目標1）勉強に〝できた〟と達成感をもつことができる。目標2）学校でできたことを母親と共有できる。目標3）安定して登校できる、の3つの目標の実現に向けて、できるをデザインするための情報を共有しました。

そしてこの3つの目標の中で、家庭環境の影響を受けず、学校ですぐできる内容（目標1）から取り組むこととしました。

湊さんが達成感をもちながら学習を行う上での問題点と利点は次のものとなりました。

〈遂行上の問題点〉

- 椅子に座り続けると覚醒レベルが落ちる。
- 手元の分離動作が不十分で鉛筆を上手に持てない。
- 鉛筆で書きながらノートを抑えるなど両手動作ができない（左手は姿勢を保つことに使うため）。
- 書き心地（鉛筆からの感覚のフィードバック）が伝わらず、上手に書けるか不安が強い。

〈遂行上の利点〉

- 上手に書きたいと強く願っている。
- できるとわかることは集中して取り組める。
- 一度できれば習慣的に続けられる。

これらの情報から、まずチームで湊さんが困っている勉強のしづらさを軽減するために、持ちやすい鉛筆づくりや、書き心地を強く感じ取れるための下敷きづくり、両手動作ができなくても困らないためのバインダーの使用など文房具の工夫を行いました。

湊さんは安心して学習に取り組めるこれらの文房具によって、字を書くことが好きになりました。これまで苦手だったドリルも、いつもの6倍その日は頑張りました。そして、たくさんの花まるをもらい、徐々にひらがなも漢字もスムーズに書けるようになっていきました。

これらの成長を共有するために設けられたチーム会議は、学校と連携することに不安をもっていた親にとっては、安心して参加できる会議となりました。湊さんの成長を共有したお母さんは、「私にもできることはありますか」と話してくれました。お母さんの役割は、家庭で花まるをつけることとなりました。

届けたい教育は連鎖していきます。湊さんの勉強に達成感をもてたことは、やがて学校で友達に手紙を書くことで交流に発展しました。授業への参加も積極的になり、学べることが増えていきました。友達とは休み時間にも遊べるようになり、やがて学校に行きたいと思えるようになっていき遅刻もなくなりました。

気づけば3つの目標すべて達成していました。

このように届けたい教育を叶えていく取り組みは、家庭環境が難しい状況であっても、まずは学校でできることなど、その難しい状況を変えなくても取り組めることから進めていくことができます。

そしてこれは、届けたい教育であれば、連鎖して変化し続けるプロセスをつくっていくので、最終的にはさまざまな生活の変化に影響していくのです。もちろん、これは不安定な家庭環境のお子さんに学校生活や教育の機会を保障する一つの方法に過ぎません。この方法だけでは解決できないことも多くあるでしょう。

しかし一方で、家庭環境が変化した後に、子どもたちの学校生活や教育について考えるのは遅すぎると思っています。

学校に参加することも教育を受けることも子どもたちの権利です。まずは届けたい教育をどのような家庭環境であっても、どうしたら届けることができるかに焦点を当てて取り組みを進めていきたいと思っています。

登校不安（不登校）

不登校とはさまざまな理由により、学校に長期にわたり（30日以上）行けない状況の児童・生徒と文部科学省では定義されています。しかし、ゆいまわるでは不登校の状態は結果であり、学校に行くことが不安である状態（登校不安）として認識しています。ここでは不登校も登校不安も、学校に行くことが不安であり、学校生活に支障をきたしている状況のお子さんとして取り扱います。

登校不安にはさまざまな原因があります。家庭内の問題やトラウマ、学校内でのいじめや居場所のなさ、学業の負担や学校生活への適応不安などがあげられます。コロナウイルス感染の流行によるオンライン授業や自宅学習の導入によって、学校に行く必要性が薄くなってしまい、そのことがさらに登校不安の増加につながりました。また、スマートフォンやゲーム機などのデジタル機器への依存も一因となっています。

登校不安を抱える親と学校は、子どもの状況を十分に理解することができず、無力感やストレスを感じるなど、苦悩も大きくなります。

1 なぜ学校に行くのだろうか

憲法第26条
―1項　すべて国民は、法律の定めるところにより、その能力に応じて、ひとしく教育を受ける権利を有する。
―2項　すべて国民は、法律の定めるところにより、その保護する子女に普通教育を受けさせる義務を負ふ。義務教育は、これを無償とする。

憲法第26条1項では、すべての国民には**教育を受ける権利がある**ことを規定しています。これに対して、2項で、すべての国民は、**子どもに普通教育を受けさせる義務**を負うとされ、また、義務教育は無償とされています。

義務教育と聞くと「子どもが教育を受けなければならない義務」と捉えられやすいのですが、この法律が示すように教育の義務とは、「子どもたちに教育を受けさせる義務」を負っていることであり、そのために教育を無償で受けることができる、小学校中学校を各市町村で設置することが義務づけられているわけです。そういう意味では、学校とは教育を無償で受けさせてくれる場所であり、登校自体は義務ではないのです。

義務教育の目的[3]

1．国家・社会の形成者として共通に求められる最低限の基盤的な資質の育成
2．国民の教育を受ける権利の最小限の社会的保障

義務教育を通じて、共通の言語、文化、規範意識など、社会を構成する一人一人に不可欠な基礎的な資質を身に付けさせることにより、社会は初めて統合された国民国家として存在し得る。このように、義務教育は国家・社会の要請に基づいて国家・社会の形成者としての国民を育成するという側面を持っている。

また、一方で、義務教育には、憲法の規定する個々の国民の教育を受ける権利を保障する観点から、個人の個性や能力を伸ばし、人格を高めるという側面があります。子どもたちをさまざまな分野の学習に触れさせることにより、それぞれの可能性を開花させるチャンスを与えることも義務教育の大きな役割の一つであり、義務教育の目的を考える際には、両者のバランスを考慮する必要がある。

「教育」と聞くと勉強のイメージをもつと思いますが、義務教育の目的は社会の形成者としての国民を育成することなのです。大人になって社会人になった時、社会との接点なく、家にこもっているのであれば、それは形成者という状態とは言えないでしょう。社会に参加し、生産活動に参加していくことが重要ですので、**教育は社会につながる力を育てること**と言えるでしょう。

これまで多くのケースに関わってきましたが、届けたい教育について、先生と一緒に探究した際、勉強

さえできればいいと言うニーズはありませんでした。授業に参加する中で、苦手なことに向き合う力を育てることや、わからないことを先生に相談できる力など、これまで多岐にわたる届けたい教育は、すべて、社会につながる力を育てるための教育であったと感じます。

義務教育において、確かに学校に行くことは「義務」ではありませんが、学校の中で、先生や友達と一緒につながっていく義務教育（社会につながる力を育てるための教育）は、すべての子どもたちが安心してコネクトできるようにしていきたいと思っています。

2 不登校の現状と子どもへの影響

令和4年10月に文部科学省が通知した報告書[*4]より、小・中学校の不登校の割合は2・57％：約39人に1人（小学校1・30％：77人に1人、中学校5％：20人に1人）と、増加の一方です（図1）。

不登校の要因を見ると、無気力・不安、親子関係、いじめ以外の友人関係の問題、学業不振、生活リズムの乱れ・あそび・非行と、

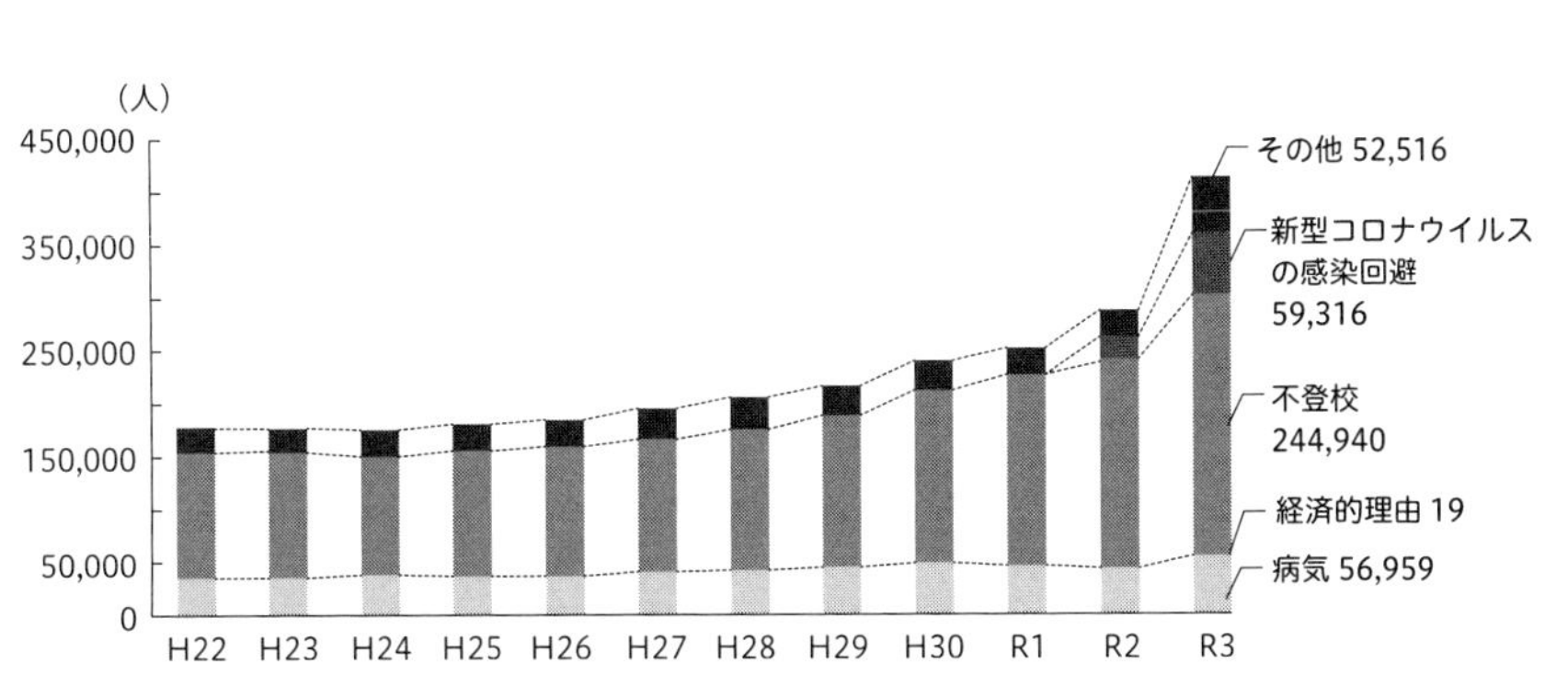

図1）小・中学校における長期欠席者数の推移[*4]

どの子にでも起こりうるものなのです（表1）。私自身の実践においても行き渋りや登校不安も含め相談は大変多い状況です。

学校に行けないことについて重要な課題は、子どもが作業と出会い遂行し、社会に参加する場を奪うことです。

学校に登校できない間、その子は友達と遊ぶことや授業、掃除当番などさまざまな経験を得ることができません。学びの体験が得られず、人とのつながりや社会参加、所属の機会も失われているのです。

だからこそ、ゆいまわるでは、その子自身が学校生活や登校に不安を感じていても、教育を受ける権利が保障されることを重視しています。

さらに作業療法士は「学校に行けない」という状況に対して、子どもとその子に関わるすべての人の健康に与える影響を考慮して関わります。

具体的には、学校と家庭の関係性、学校と家庭の負担への配慮等があります。すべての影響を総合的に考慮しながら、その子とその子を支えるすべての人が成長し、健康になれるための生活は何かを、クライアントと一緒に展開していきます。

表1）不登校の要因

小学生	
1. 無気力、不安	49.70%
2. 親子関係	13.2%
3. 生活リズムの乱れ・あそび・非行	13.1%
4. いじめ以外の友人関係の問題	6.1%
5. 学業不振	3.20%

中学生	
1. 無気力、不安	49.70%
2. いじめ以外の友人関係の問題	11.50%
3. 生活リズムの乱れ・あそび・非行	11.00%
4. 学業不振	6.20%
5. 親子関係	5.50%

出典：令和３年度 児童生徒の問題行動・不登校等生徒指導上の諸課題に関する調査結果
https://www.mext.go.jp/content/20221021-mxt_jidou02-100002753_1.pdf

3 学校と家庭の関係性の構築

登校不安はさまざまな要因が影響した結果として起こります。そのため、原因を特定することは難しく、長期にわたりその状態が続いていることも多くあります。

「登校さえすれば学校では落ち着いていられるのに、母親と離れることができない」と、学校から母子分離について指摘され苦しむケースや、家に帰ると暴力と癇癪を起こし、親に学校のつらさを訴える子どもの様子から学校環境へ不信感を抱くケースもあります。

登校不安のケースでは解決できない状況に対し、学校と家庭が互いに不安と不信感を抱いている状況は大変多いのです。しかし、登校不安の状態から子どもの生活を立て直す過程には学校と家庭の協働が必要です。まずチームづくりを行うことが不登校支援には最も重要なプロセスになります。

ではどうしたら学校と家庭が互いに不安や不信感を抱いている状況から、チームをつくっていくことができるのでしょうか。

学校と家庭が注目している「学校に行ける」という結果は、すぐに叶うものではないため、届けたい教育での目標の共有を通したチームづくりが鍵を握るのです。

〔ケース：楓真さん、男児、小学6年生〕

楓真さんは1年生の頃から学校生活に不安が強く、腹痛や嘔吐、めまいなどの身体症状の訴えがありました。5年生の担任の先生との折り合いが悪く、先生の対応に強い不安を感じてしまい、2学期には教室に入れなくなりました。

その後も5年生の先生とは、校内で顔を合わせるだけでパニックになるなど、精神的な影響も出るようになりました。3学期には正面玄関からの出入りもできなくなり、ことばの教室で過ごし、登校も週2日程度となっていました。


6年生になり担任の先生が変わったこともあり、教室に短時間いられることもありましたが、状況は大きく変わらない生活でした。両親は学校との関係性にまだ不安があり、その年の6月に保護者の依頼により作業療法士の学校訪問が開始となりました。

学校と家庭に生じていた関係性の不安を考慮し、はじめは学校と家庭別々に話を聞くこととしました。

初回の面談で両親は作業療法士に「5年生の元担任の先生へ、指導に入ってほしい」と話しました。両親は5年生の元担任の先生がまだその学校に在任していることに強い不安をもっており、そのことが学校との連携の大きな阻害要因となっているようでした。「5年生の元担任の先生のせいで、うちの息子が学校に行けなくなってしまった」というドミナントストーリーは、家族と学校が6年生となった楓真さんの生活をチームでつくっていく新たなストーリーに進んでいくためにはストッパーとなります。そのためまず、そのドミナントストーリーを紐解いていくことから始めました。

仲　間　「元担任の先生の影響によって、どんなことができずに困っていますか？　本当はどんなことができることを願っていますか？」
お母さん　「元担任の先生と会うだけで精神的に不安定になります。そのことによって、せっかく6年1組で新しいスタートが切れるかもしれないのに、その機会をつぶしてしまう」

仲　間「6年1組でどのような生活ができること、どのような機会をもてることを望んでいますか」

お母さん「学校生活を通して6年生で友達関係が少しでもつくれることは、地域の中学校に進学するうちの息子には大切なことだと思う」

この対話を通して、楓真さんの家族が6年1組で友達と交流できることを願っていることを知ることができました。

その後、6年1組の担任の先生と教頭先生とも面談を行いました。

先生・教頭「6年生にはさまざまなイベントがある。授業など苦手なことがあったとしても、別の機会で友達と関係をつくることを大切にしたい」

「中学生になると苦手なことは先生よりも、友達に聞く機会が多くなるだろう。まずは、特定の友達でいいので、相談したり、協力したりできるような関係と経験を6年生の間に積ませてあげたい」

このように、「登校不安」になった原因ではなく、学校生活に不安が強いこと、5年生の元担任の先生に恐怖心があることといった問題はあるものとして、その問題が私たちチームと楓真さんの生活にどんな影響を及ぼし、何が叶えられないのかという問いに変えて（問題の外在化）語り合うことで、チームで共有できる目標が出来上がりました。

［修学旅行］ クラスの友達と一緒に参加し、楽しく思い出づくりができる。
［友達］ 特定の友達と苦手なことも含めて一緒に活動を共有できる。
［授業］ 教室で友達と安心して参加できる。

この目標は、親にとって安心と願いが詰まったものであり、楓真さんにとって自分の人生に大切なことであり、学校にとって6年生の間に届けておきたい教育でもあります。みんなにとって意味のあることだからこそ、チーム会議で安心して共有することができました。

登校不安を抱える子どものチームづくりにおいて、学校と家庭の関係性が不安になるのは、通常、不登校がなぜ起こったのかという原因を探っていく過程で起こります。

先に述べたように、その原因は、それ自体が登校不安を決定するものではなく、さまざまな要因の相互に影響した上で起こっているため、そもそも原因の追及は意味がないのです。たとえ、**その原因が追求できたとしても、それが学校に行けるための理由にはならない**のです。

さまざまな要因の相互作用として登校不安が起こっているのであるからこそ、学校と家庭が協働的なチームを構築し、その子に何を届けていくことを大切にするかという、届けたい教育の目標を共有することが重要なのです。

4 その子の学校生活を叶えるための情報収集

登校不安のお子さんのほとんどは、**学校に通いたくても通えない子どもたち**なのです。私がこれまで関わってきた子どもたちも、「学校に行けなくてもいい」と本当に思っている子どもはいませんでした。子どもたちはみんな、学校に通う必要があることをよく知っています。そして、本当は通いたいと思っています。

昨日の夜までは、学校に行くんだとランドセルの準備までしていたのに、朝になったら行けないと言い出して、その理由も話すことができない。

こんな訴えを、これまで何度となく聞いてきました。登校不安は、子どもの「学校へ行くのが嫌だ・不安だ」という学校回避感情を基本的な動機として、欠席や遅刻、早退として行動が具体化され、それが本人ないしは周りの人間によって「不登校」として解釈されることによって生成される現象なのです。*5

その登校回避感情は子どもたちが誰しももちうる感情です。それは学校生活で期待される作業がうまくできないことで強まります。そのため、最も重要なことは登校できるか否かよりも、**その子が学校生活において、どんなことが、どのようにできずにいるのか**について知り、どうしたら届けたい教育ができるのかということにフォーカスしてチームで叶えていくことが重要なのです。

〔ケース：楓真さん〕

楓真さんはクラスに参加することをあまり望んでいませんでした。これは彼が長期にわたり学校生活に不安を感じ続けていたため、学校は行くものだという習慣的な感覚をもつことができずにいることと、行けるイメージがもてずにいたからでした。

クラスに参加したとしても、授業での机上動作を行うためには過剰な努力が必要で、実際に頑張ってもできないことが多い状況でした。

そのため現状では、クラスで過ごすことを頑張ると、精神的にバランスが崩れてしまい、数日間学校を休んでしまうこともありました。

まずは楓真さん自身が、クラスで過ごす価値をもつ必要があるとチームで判断し、楓真さんが好きなアニメのキャラクター（ポケモン）で何か活動を共有できないか作戦会議をしました。

担任の先生が放課後、楓真さんに個別で勉強を教える中で、先生も楓真さんからポケモンについて学ぶプランを立案しました。

楓真さんは先生と毎日教室で、勉強とポケモンを学ぶ時間を共有するうちに、その時間を楽しみに登校するようになりました。そして、徐々にクラスの授業にも自発的に参加できるようになっていきました。

そこで今度は、過剰な努力を強いている机上動作の環境を調整しました。楓真さんは黒板に書かれていることを、ノートのマスに合わせて書くこと（構成の課題・眼球運動の課題）が難しい状況でしたので、先生が授業中の板書にラインを引き、ノートに書くべき内容も限定し、枠で囲う等の調整を行いました。

楓真さんは教室で授業を受けることが増えていきました。

チーム会議では、学校と家庭で友達と教室で一緒に過ごせたことによる成長を喜ぶことができました。そして次は修学旅行の参加へと作戦はどんどん広がっていきました。

母親は「親が思うよりも楓真ができることにびっくりした」と話し、当初は参加さえも懸念していた修学旅行を、友達と一緒に参加することに決めることができました。チーム会議に参加していた楓真さんも「友達と一緒に修学旅行に行きたい」と話し、クラスでの活動に対し楓真さんも価値をもっていることをチームで確認できました。

作業的不公正[*6]：作業がなぜできないのかを考える

作業療法士は、**その子が学校生活において、どんなことが、どのようにできずにいるのか**について、作業的不公正という視点で分析しています。

●**作業疎外（Occupational Alienation）**：機会の喪失や社会と区別されることでやる気がなくなるなど、自分がやっていることに価値や目的を見出せない状態。そのことは人生に意味を感じられないことであり、人の健康状態や幸福感の低下につながります。

●**作業不均衡（Occupational Imbalance）**：クライアントの日々の作業のバランスが崩れた状態です。負担の強いことをやり続けていても、逆に単調な作業を繰り返しやっていても、それをする人にとって、そのことが身体的、精神的、社会的なバランスが悪い状態を作り出せば作業不均衡となります。日々の生活に必要なことが習慣化されていない状態でも起こります。

●**作業剥奪（Occupational Deprivation）**：クライアント自身の意向に関係なく、自分以外の要因により作業ができない、作業に関われない状態です。作業剥奪は、心身の状態を悪化させたり、やる気を低下させたり、社会参加する機会を奪うなどさまざまな問題を引き起こします。

●**作業周縁化（Occupational Marginalization）**：中心的活動ではなく、その作業の周辺の些細な作業などを行わされるなど、クライアント自身が意思決定のプロセスに関われず、多くの人が価値を認めるような作業に関われない状態。

作業療法士は子どもがどの作業にどのようにできない・関われない状態なのかを分析し、その状況からどうすべきか、先生や親と考えていきます。

本ケース（楓真さん）においては、まだ学級活動に価値を感じていない状態の楓真さんに、たとえ勉強しやすいような環境調整をしても、作業疎外の状況の楓真さんが授業を受ける選択にはつながらなかったであろうと考えました。

その他にも、介入初期に修学旅行の必要性を保護者に説明しても、両親は楓真さんが修学旅行に行けるという可能性をイメージ

表2）楓真さんの学校における作業的不公正

作業疎外	学級生活に長期間参加できずにいたため、クラスに行くことやクラスの活動に対し、楓真さん自身があまり価値を感じていない。
作業不均衡	友達との交流や授業課題の遂行は、精神的なエネルギーを過剰に費やすため、作業バランスが保てず、学校生活を頑張ると翌日は体調不良になりやすい。
作業剥奪	授業課題では、教科書や黒板の文字が重なって見えるため読むことができない。光の調整ができず教科書から反射する光で字を読み取ることができない。
作業周縁化	これまで保護者が、医師からの指示や診断に合わせて楓真さんができること、できないことを配慮してきた。修学旅行の不参加をすでに保護者が決めている。

できず、参加を決めることはできなかったかもしれない。作業療法士はあらゆる状況から、関わっていく作業の順番や内容、方法をチーム内で調整していきます。

5 習慣・役割への対応

私たちは日々の行為をその人の役割と習慣から習慣化しています（51ページ参照）。例えば、朝目覚まし時計の音を聞けば、消す、起きる、布団をたたむ、トイレに行くなど特定の行為のパターンとつながっています。また「火曜日は塾だ」など1週間という枠に行動のパターンを用いたりもします。習慣化は一つひとつの行為を熟考したり、注意することなく、正しい方法や場所、時間に慣れたことを行動できるために重要なことなのです。そして、そのことにより悩まず、多くのエネルギーを消費することなく、効率よく行動することが可能となり、習慣的な行動を通して私たちは役割を獲得していくことができます。

ところが、不登校の子どもたちは、決まった時間に起床、登校準備、登校するといった習慣化を失っており、朝目覚めると、起きるか悩み、学校に行くか悩むのです。毎日ルーティーン的行動に身を任せられないということは、多くの精神的エネルギーを消費する状態なのです。

パターン化されない行動は、友達や先生とのつながりも形成されないため、クラス内に居場所が保障されていない感覚をもたらします。楓真さんのケースのように放課後でも毎日学校で先生と過ごすという習慣化の獲得により、精神的エネルギーを過剰に消費せず、役割（居場所・学ぶ・ポケモンを教える）を獲得できたことで、次の作業を選択することができました。

先生にポケモンについて教えるという作業との結びつきは、先生と楓真さんをつなぎ、クラス環境への安全な参加をつくりだしました。

そして、クラスに安全に参加できることで可能となりました、クラスでの授業や当番活動を行うことは、クラスの友達とのつながりをつくり、授業以外でもクラスの友達であれば一緒にできることが広がっていき、最終的に修学旅行という非日常の作業も選択することができるようになりました。

毎日学校に行くことにより、起床、準備、登校は習慣化され、効果的で慣れた行動の選択により、精神的な負担をかけずに学校生活が可能となります。作業療法士は作業遂行の問題の本質を明確にし、習慣化、役割、作業バランスを総合的に評価しながら、実現できるようにサポートしています。

6 学校と家庭の負担

保護者は子どもが登校できない状況がいつまで続くのか、将来にどんな影響が与えるのか、周囲の目（親戚や近所）への配慮、仕事の調整等が重なり、大きな不安を抱えています。

学校もまた各学年で決まっている学習を保障することや、1年間しか関われない担任は、自分がその子に何がしてあげられるのかなど、不安と負担を抱えています。

これらの負担は「不登校」ということが、将来どうなっていくのか見通しがもてないことが一番の要因です。そのため、目標達成に向けたステップを具体的に見えるようにすることで両者の不安と負担の軽減を図ることは重要です。

ゆいまわるでは届けたい教育の実現に向けて、目標達成までの道のりを具体的に作成し（目標達成スケーリングガイド（145ページ参照））、モニタリングでは常に、目標に向けた現状をチームで把握しています（表3）。

表3)

達成 レベル	目標1 遠足・修学旅行	目標2 友達	目標3 授業
現状 8月	運動会でも▲緊張あり。▲うるさい・暑い・まぶしいなど苦手なため、修学旅行に行けるか心配。	▲友達と一緒に遊ぼうとしない。▲初対面は一方的に話をする。◎兄とはとても仲がいい。	△周りの理解が必要で、バランスがとれるよう先生の声かけを要す。グループ活動は一人になることもある。
Step1 期待未満	不安もあるが、修学旅行の具体的イメージを共有し、行きたいと希望を感じることができる。	友達との交流方法を先生に助言してもらいながら学べる。相談しながら日常の交流に安心して参加。	配慮されたグループの中で、先生の支えをもらいながら、参加する機会がもてる。
Step2 やや期待 未満	修学旅行に行きたいと希望をもって、準備や修学旅行に関する活動に参加できる。	友達も楓真さんと学ぶ機会をもち、互いに交流方法を考える機会をもてる。	配慮されたグループの中で友達の声かけをもらいながら、グループ活動に参加できる。
Goal 達成 ライン	修学旅行の準備を含め楽しく参加し、思い出づくりができる。	教室で楽しく活動を共有できることが増える。特定の友達ではあるが、苦手なことも安心して一緒に活動ができる。	特定の授業ではあるが、教室で友達と一緒に学び、楽しんで参加できるようになる。
1 期待以上	修学旅行の経験で、普段の生活にも友達関係や活動の参加、先生への相談など成長が見られる。	先生の促しで、楓真さんから特定の友達に相談できる。	クラスのどんな人ともグループで決められた活動があれば、先生の見守りの中で参加できる。
2 とても 期待以上	自発的な行事や活動の参加が見られる。	自発的に楓真さんから特定の友達に相談ができる。	グループで決められた活動があれば、自発的に安心して参加できる。

開始時8月　10月　翌年1月

楓真さんの場合、友達との交流やクラス活動の参加に先生の支えと助言が重要であることを、目標までのステップに明記しました。そのことにより、ポケモンの会話で先生と関係を築くことが、次のステップにどのように活かされるのか、具体的にチームで共有できます。だからこそ担任の先生は、学習とは一見関係ない取り組みを安心して行うことができました。常にこの表を見ながらいまどんな状況なのか、目標が達成された範囲を共有し、次の戦略を練っていきます。楓真さんの表を見ると、8月に立てた目標が、10月→翌年1月とそれぞれの目標の状況が変化していることがわかります。

本ケースの取り組みは校内での活動でしたが、これまでゆいまわるで関わったケースには、創さんの魚釣り（23ページ参照）や望さんの料理（33ページ参照）、演劇や保育士体験など郊外の作業で取り組んだこともあります。学校は通常の学校生活で行われる活動とは違うことをすることに不安を感じる傾向にあります。

専門家は担任の先生が、教育委員会や学校長の理解の元、さまざまな手段を安心して選択できるように、チームづくりを行うことが重要です。

そのため、通常の学校生活で提供されるような作業とは違うその取り組みが、届けたい教育にどのように影響するのか、担任の先生を中心に学校全体が具体的にイメージできるようにする必要があるのです。

その他、登校の不安から実際に学校生活の安定に至るまでのチームでの取り組みは、複数の要因が影響しているため、内容が多岐にわたることも特徴です。楓真さんのケースでは、付き添いのため仕事を辞めていた母親が、仕事復帰できるのかについてもチームで共有して進めていくこととなりました。なぜなら、登校ができない状況から学校に習慣的に行けるまでには、いくつかの波を越えて徐々に安定していくものだからです。いつ仕事復帰していいのか、もし波が崩れた時は誰がどのように対応するのか、などファミリーサポートや児童デイなどサービスの利用を含めた調整も必要なのです。

このように不登校（登校不安）への取り組みでは、学校内外でのさまざまな作業に関われることを通して、その子が先生や友達とのつながりをつくり、さらに生活の習慣化（習慣・役割）の獲得により効果的に生活に参加していけることを、学校と家庭がチームで取り組めることを目指します。

そのために登校できるか否かということだけに焦点を当てず、届けたい教育の具体的な実現へのステップをチームで共有することで、学校と家庭が安心して協業できるようコーチングすることが重要なのです。

COLUMN

僕が感じてきた世界と社会のつながり

高校3年生　楓真

現在、高校3年生になった楓真さんから、学校の世界について教えてもらいました。

■小学5年生までの生活

僕にとって学校のイメージは、とにかく嫌な音や匂いに苦しむ場所でした。

当時は、自分の見え方や聞こえ方、匂いのキツさについて、みんなも同じだと思っていたため、自分だけが苦しんでいるとは気づかずにいました。

そのため助けを求めることはできませんでした。

ほとんど見えない（視覚は正常ですが視覚情報を認知することに困難がありました）自分にとって、学校では音や気配でしか生活できません。学校はどこも音や匂いが似ていて、どれもとにかく嫌な音や匂いでした。特に教室とトイレが苦手でした。保健室は消毒の匂いのおかげで、嫌な匂いが消されていて一番居心地がよかったことを覚えています。

この匂いは頭に張りつくのです。そしてずっと苦しいまま過ごし、耐えきれなくなるたびに病院に行き、剥ぎとってもらうような感覚でした。

そんな生活を生まれてからずっと続けていた僕にとって、周りそのものが嫌でした。心も身体もボロボロなのに、警戒心だけがバリバリで、完全に人間不信だったと思います。

■6年生での出会い

6年生の時に、担任の先生が塩おにぎりをつくってくれました。給食では麦ご飯が続いており、これまでどの先生からも頑張って食べなさいと言われ続けていました。そんな麦ご飯に対し、担任の先生が「これで少しは食べやすいかな?」とつくってくれたのが塩おにぎりでした。

あの時の感覚は、まるでおじいちゃんが助けてくれるような、そんな優しさがスッと入ってきた、ふんわりした感覚でした。初めて学校という環境で感じた「安心感」でした。これまで学校は、針で突かれ続けるような困惑の多い環境でした。6年生になってはじめて綿でモフモフしたような安全で安心できる感覚を味わいました。

それから先生と、ポケモンの話を一緒にしたりと、いろいろな話をしながら、先生なのに学校の先生じゃない(当時は先生=怖い・不安・制限)感覚の、その担任とであれば、いろいろと経験できると思い始めました。その時、僕は人間不信をやめました。

6年生の修学旅行は、なぜこれをやるのか理解できない、僕にとっては探検や冒険に近い感覚の行事でした。予想できない生活に「生きていけるのか?」と本気で考えていました。しかし、行ってみてはじめて面白さがわかりました。その時に経験しないとわからないことがたくさんあると感じました。

修学旅行で一緒のグループと馬鹿騒ぎしたこと、班のメンバーの面倒見なきゃという役割、お化けに間違えられるエピソード、みんなのために準備したお菓子を配ることが僕の思い出として残っています。

■人が信頼できて活動の幅も広がった中学校

はじめはやはりダメでした。学校という環境は共通した苦手さがあります。そんな教室への警戒心が、より匂いや音を際立たせます。僕は教室の概念がもうそうなっているのです。

そして、その不快な感覚の攻撃は、自分が教室にいるイメージがつくれないことにもつながっていました。感覚的には自分の位置が把握できないようなイメージです。とにかく自分の位置より匂いが激しいのです。当時仲間さんに、逆立ちでもしたら、教室の中の自分の存在感を自分で感じとれるかなと相談したこともあります。

ところが、小学校の頃との違いは、いい先生に当たったという気持ちをもてたことです。おそらく警戒心がなくなったことで、先生たちに興味・関心をもてるようになったのだと思います。ちなみに僕の当時の興味・関心は、不良（と僕が理解していた生徒）にもありました（教室に入らずに遅刻したり、廊下をうろうろしている生徒たち）。同族だと思っていました。

そんな先生たちに対する安心感のおかげで、僕は勉強をすることができました。小学校までの勉強と中学校3年間の勉強を仕上げて、高校受験をしなければならないことは大変でしたが……。

自分の不安刺激から身を守ることとして、毎日、自分で制服を洗っていました。それをしないと匂いが痛いのです。

受験も含め中学校からの勉強ではさまざまな工夫をしました。その中でも色の透明シートかざして光の加減を変えることで、教科書や参考書が読めるようになったことはうれしかったです。そして中学校ではサングラス（茶色・黒）もＯＫをもらいました。さらにフードも了解してくれたこともありがたかったです。フードやサングラスをかぶることで、人の視線から外れていると思うことができます。そのことだけでも安心感が増すのです。

■安心という生活のベースがあるから楽しい高校

本当に素敵な学校に行けたと思います。とにかく校長先生が最高にいい人です。

僕の学校は基本的に、多様性あふれる生徒が通うことを前提にしています。そのため、サングラスについても、目が見えればOKとすんなりと許可が下りました。

小さい頃から苦しんできた感覚の不快さもだいぶ和らぎ、教室にもいられるようになりました。こうしてさまざまなことが不安から安心に変わると、考えたり感じたり、さまざまなことに興味・関心をもったりといった心と思考の余裕につながります。

そのような生活ができるようになってから、本当に楽しく過ごせると思いました。いまはとても楽しく高校生活を送っています。

〈参考文献〉

＊1 厚生労働省「国民生活基礎調査（2022年調査）」
https://www.mhlw.go.jp/toukei/saikin/hw/k-tyosa/k-tyosa22/dl/03.pdf
＊2 藤田英典（2012）現代の貧困と子どもの発達・教育，発達心理学研究，23（4），pp439-449
＊3 文部科学省「義務教育の目的」
https://www.mext.go.jp/b_menu/shingi/chukyo/chukyo0/toushin/attach/1419867.htm
＊4 文部科学省「令和3年度 児童生徒の問題行動・不登校等生徒指導上の諸課題に関する調査結果」ホームページ
https://www.mext.go.jp/content/20221021-mxt_jidou02-100002753_1.pdf
＊5 森田洋司著『「不登校」現象の社会学 第2版』学文社（1991）
＊6 吉川ひろみ著『「作業」って何だろう』医歯薬出版（2017）

CHAPTER 4

発達障がいと学校生活

01

発達性協調運動症（DCD）と学校生活

…東恩納拓也＋久志直子

❶DCDってなんだろう?

DCDとは、Developmental coordination disorderの略で、日本語では「発達性協調運動症」と訳される神経発達症（発達障害）の一つです。協調運動とは効率的でまとまりのある運動のことで、例えば、縄跳びで両手両足をタイミングよく動かしたり、枠の大きさを見ながらはみ出さないように文字を書くような運動を指します。

DCDとは、この協調運動技能の獲得と遂行が著しく劣り、日常生活活動や学業、余暇、遊びなどを妨げる神経発達症です。5～11歳の子どもの約5％に見られ、他の神経発達症と比べて決して珍しくありません。また、DCDは自閉スペクトラム症、注意欠如多動症、限局性学習症など他の神経発達症と高頻度に併存することが知られています。そのため、たとえDCDの診断がなくても、他の神経発達症の診断があれば、実は動きのぎこちなさや、それによる日常生活上の困難が見られていてもおかしくありません。

久志（担当OT）　確かに、授業の様子を見ていると創さんも、文字は歪み枠の中に収

めきれずにいました。また、消しゴムや定規などの物の扱いがとても苦手で、左手の固定が遅れたり不十分なために紙が破れたり線が歪んでいました。知的能力は高いですが、板書することが遅れて先生の話を聞き逃したり、活動のスタートが遅れてしまい、結果学習の遅れにもつながっていました。不器用さが学習面でも影響していたんですね。

臨床の中で、創さんのような子どもたちに出会うことは少なくないと感じます。

DCDの明確な発症メカニズムは現時点では明らかになっていません。しかし、これまでの研究によって、DCDには何らかの脳機能（内部モデル、ミラーニューロンなど）が関係しているのではないかと考えられています。他にも、筋緊張、ボディイメージ、感覚処理、実行機能、視空間認知、眼球運動などさまざまな心身機能が関係していると考えられています。ここで重要なことは、**DCDは決して子どもの努力不足や怠け、単なる練習不足が原因ではないということ**です。DCDのある子どもはその子なりに努力しているにもかかわらず、新しい運動スキルを獲得したり、うまく遂行することが難しいということを理解しておくことが重要です。

そうなんです。先生や周りの大人は創さんの苦しさになかなか気づけないでいました。書道で賞をとった時も、本当は家でたくさん練習したと聞いています。歪んでしまう文字を見て癇癪を起こし、何度も紙をビリビリにやぶいて仕上げた物でした。

創さんは友達と同じように課題に取り組むために人一倍努力していました。

また、DCDの発症にはさまざまな要素が関係しているので、サブタイプの存在についても議論されています。同じDCDであっても、子どもによってその特性は異なることがわかっています。また、サブタイプに関する研究では、DCDのある子ども全員がすべての要素で劣っているわけではないということもわかっています。つまり、DCDのある子どもにも得意なことがあるということです。「DCDのある子どもはすべての運動が苦手」と思われがちですが、あくまでそれは一部であり、DCDのある子どもを理解するために個々の得意なことにも注目する視点が重要です。

DCDのあるお子さん＝身体を動かすのが苦手という印象がありました。だけど、すべての子どもが運動が苦手とは限らないんですね。

だから創さんは、体育の時間と聞くと帰るのをやめ参加する姿が見られていたんですね。また、プールが好きでプールを楽しみに学校に行ったり、児童デイでも、屋内よりも屋外で、みんなでフリスビーをしたりボールで遊んだり活発に運動をしていました。

❷ DCDが子どもの生活に与える影響

DCDは、セルフケア、園や学校での活動、余暇など幅広い活動に影響を与えます。特に学校は子どもにとって大きな生活環境の一つであり、DCDのある子どもはさまざまな学校活動でつまずきやすくなります。体育に限らず、音楽、図工、家庭などの授業が苦手になりやすいと言われています。教室内では、学用品（定規、消しゴム、コンパスなど）をうまく使えない、引き出しの整理が苦手などの様子が見られることがあります。また、DCDのある子どもは、書いた文字が読みづらい、ノートの枠から文字がはみ出る、計算が苦手など学習に関連する困りも見られることがあります。

さらに、DCDのある子どもには自己評価や自己肯定感の低さ、不安の強さ、抑うつ傾向などが見られやすいことが先行研究で報告されており、DCDの特性は心理面の問題につながりやすいことが知られています。そのため、DCDのある子どもの中には、失敗を過剰に恐れたり、わざとふざけて見せたりするなどの様子が見られることもあります。

まさに創さんもうまく書こうと思っても自分の書いた文字が歪みはみだすため、小さな失敗体験を毎日積み重ねていました。そうするうちに、文字を書くことに対して不安が高くなり、失敗する怖さから取り組むことを拒否するようになりました。

臨床現場でも、保育園の工作の場面でやりたくてもうまくできなかったり、ブロック遊びではそのつもりはなくても、壊してしまったりするために先生から注意を受ける場面をよく見かけます。そのような子どもたちは、段々と活動から距離を置いたり、わざとふざけて見せることも少なくありません。

③ DCDの子どもたちが安心して学校生活に参加できるために重要なこと

DCDのある子どもたちが安心して学校生活に参加できるためには、**個人―課題―環境の相互作用の視点に基づき、子どもの力を伸ばすアプローチと子どもの力を引き出すアプローチ**を実践することが重要です。

個人―課題―環境の相互作用の視点とは、DCDの国際推奨で述べられている考え方で、DCDに見られる非定型的な運動パターンや運動スキルの問題を、子ども（個人）の要素だけでなく、課題や環境の要素も含めてダイナミックに捉えようとするものです。つまり、DCDのある子どもが苦手な活動に取り組むためには、子どもの発達や機能を高める関わり（子どもの力を伸ばすアプローチ）だけでなく、課題の工夫や環境調整（子どもの力を引き出すアプローチ）も欠かせないということです。学校の活動や環境に子どもを無理やり合わせるのではなく、DCDのある子どもの力を十分発揮できるように、可能な範囲で課題の難易度を個々に調整したり、使いやすい道具を利用したりするなどの配慮が必要です。

また、ＤＣＤのある子どもは心理面の問題につながりやすいことが指摘されているので、活動の成果だけでなく、本人なりの努力に目を向けたり、運動の苦手さを受け入れてくれたりする大人や友人が近くにいることもとても重要なことです。

以前担当したケースで、両手の協調動作の困難さから板書することが苦手なお子さんがいました。先生は、意欲的に授業に参加できることを願っていました。先生がしたことは、書くことにこだわらず、本人が好きな発表などで達成感を感じてもらう機会と、授業で活躍できることを保障していました。このように授業の参加スタイルを変化させることで、子どもの力も引き出す魅力を教えてもらいました。

創さんのように登校を選択できなくなってしまった場合には、まずは学校外でできた経験を積むことが、学校で期待される活動へ再度参加するためには必要でした。「登校してから」友達や活動への参加を期待されやすいのですが、場合によっては先に友達との交流を保障することが重要ですね。

東恩納拓也（ひがしおんな　たくや）・作業療法士
東京家政大学健康科学部リハビリテーション学科助教。博士（医学）、特別支援教育士。国立病院機構長崎病院、みさかえの園総合発達医療福祉センターむつみの家を経て２０２１年から現職。主な著書に『運動の不器用さがある子どもへのアプローチ―作業療法士が考えるＤＣＤ』クリエイツかもがわ（２０２２）。

02

感覚過敏と学校生活

……髙橋香代子＋上前奨伍

❶ 感覚過敏って何だろう？

感覚とは、自分以外からのさまざまな刺激のことをあらわし、外界を知る（自分の置かれた環境を捉える）ためや、外界と関わる（人と関わったり、物を操作したり）ためにも、とても重要な情報です。例えば、給食を食べる際には、匂いを嗅ぐ（嗅覚）、食物を観察し（視覚）、味わい（味覚）、先生の説明を聞く（聴覚）ことで、子どもたちはメニューを理解します。また、まっすぐ座り（前庭覚）、お箸を持って（触覚）、口へ運ぶ（固有覚）など、食事動作そのものにも、さまざまな感覚が総動員されています。このように、子どもが学校生活を送る上で、感覚はとても重要な情報となります。

しかし、感覚の受け取り方はとても個別性が高く、感じ方がとても敏感な子どももいます。感覚刺激が他の人に比べて強く感じられてしまう（閾値が低い）状態を「感覚過敏」と言います。感覚過敏な子どもたちは、「気にしすぎ」「おおげさ」と誤解されることが多いのですが、さまざまな感覚刺激が自分の制御を超えて脳になだれ込んでくるので、私たちの想像を超える苦痛や生きづらさを感じています。

望さんの学校はオープン教室（教室の壁やドアがなく廊下と教室が少しの棚だけで隔たれた構造）のため、周囲の照明や音を敏感に捉え、授業に集中できず参加したくてもできないもどかしさから、教室に居続けることが苦痛となっていきました。私が出会った当時は、その不快さが心を満たし恐怖にまで高まり、教室の隙間から人が覗いているのではないかと怯え、先生はあらゆる隙間をダンボールや布で塞いでいまし

た。さらにひどい時はロッカーに身体をスッポリ入れて出てくることができない状況でした。

感覚過敏の発症メカニズムについては、詳細にはわかっていません。

研究では、小さく早く生まれた子ども（低出生体重児や早産児）に感覚過敏が多く見られることが報告されています。感覚を受け取る力（感覚受容体）がまだ十分に育っていない状態で、感覚刺激の強い外界に晒されることが原因かと考えられていますが、その具体的なメカニズムはわかっていません（Adams et al., 2015）。

また、さまざまな神経発達症の子ども（自閉スペクトラム症や注意欠陥多動症など）で、感覚過敏も併発することも多く（Dellapiazza et al., 2020）、感覚過敏が彼らの生きづらさを助長しているのではないかと考察されていますが、こちらも詳細なメカニズムはわかっていません。

さらに、人口の15～20％は感覚過敏を呈するという報告もあります。つまり、何か疾患があるから感覚過敏を呈するということは少なく、感覚過敏はとても身近な症状であると言えます。

望さんは友達と遊ぶ機会があっても、「鬼ごっこは苦しかった。僕が楽しめるルールじゃなかった。だけどそれを伝える勇気もなかった」と話してくれたことがありました。みんなが当たり前に楽しいと思えることですら、自分だけがわからず、楽しめないということは、一方で孤独感を感じる側面もあるんだろうなとも思います。感覚は誰でももっている身近なものだからこそ、それが過敏であることで受ける弊害は理解されにくいのです。そのことは望さんのように、感覚の受け取り方が一人違うことに戸惑い、孤独を感じてしまうのです。

感覚過敏にも、いろいろな状態像があります。例えば、視覚が過敏といっても、まぶしい（明度）、激しい（彩度）など見え方もさまざまです。感覚には自分にとって敵か味方かを判断する機能（原始系）があるので、自分にとって敵（危ない刺激）だと頭が判断すると、危険かも！　気を張ってないと！と心身ともにアラート状態になってしまい、イライラ・ソワソワして、本能的に拒絶してしまいます。

また、感覚刺激を取捨選択すること（フィルタリング）が苦手な子にとっては、感覚刺激が全部頭の中になだれ込んで入ってきてしまうので、混乱をきたすこととなります。例えば、聴覚のフィルタリングが苦手な場合、先生の声が周りの音（子どもの声や廊下の音）にかき消されてしまい、指示が理解できなかったり、集中できなかったりします。

さらに、感覚過敏のお子さんは、苦手な感覚がトラウマとして残りやすく、それが情緒的な反応につながることがあります。例えば、苦手な汗の匂いが頭にへばりついて剥がせないため、体育後の教室を想像するだけで吐き気がして授業に参加できなかったりします。

このように、感覚過敏のお子さんは、感覚刺激という千本ノックを常に素手で受けている状態です。なので、１日学校にいるとヘトヘトに疲れてしまいます。

確かに望さんは学校の照明がまぶしい、教室の中の音がうるさい、先生や友達のちょっとした言動に過敏に反応するなど、いろんな情報を受け取り、１日中学校にいると疲弊しきっていました。そして１回学校に行くと、その後は数日休まないといけないぐらいのストレスを感じていました。

❷ 感覚過敏が子どもの生活に与える影響

感覚過敏の子どもは、さまざまな感覚刺激をより強く感じるので感情が不安定になりやすく、学習や給食などの学校生活に支障をきたします。特に、能動的に反応できるお子さんは、刺激から逃げるため（自分を守るため）に教室を出て行ったり、不登校につながってしまうことがあります。

また、学習面にも影響することがあります。例えば、感覚刺激をうまく処理できない場合は、見たものを理解するといった視知覚にも影響することがあり、文章を読んだり、漢字を理解したり、学習そのものに困難さを抱えることもあります。

フィルタリングが苦手だと、先生の声を聞きわけられずに、指示を守れないと思われてしまうこともあります。特に、グループワークなど教室が賑やかな状態だと、友達の声を聞き取って理解するのに、人一倍努力が必要となります。

学校生活において、常に気を張っているので、放課後はヘトヘトでその他の活動に参加することが難しかったりします。

望さんの場合も学習面に影響がありました。望さんは、文字の形を覚えることだったり、板書の時も情報を絞って指定の場所に書くことが難しく、情報を視覚で捉え、何をどこに書けばよいのかわからず、学習自体に嫌悪感をもつようになっていました。

望さんは、常に周囲に気を張り緊張を強め、そして、いろんな感覚を過敏に受け取ることで混乱し、次第に恐怖感を募らせ学校に行けなくなっていきました。学校以外の賑やかな場所や人通りが多い商店街などにも強い不快感を訴え、表情や全身を固め、その場にいることに対して必死に耐えている状況でした。このように参加できる場や活動が著しく制限されるため、経験を積み重ねることができず、「自分ができることがわからない」という状態にまで至っていました。

❸ 感覚過敏の子どもたちが安心して学校生活に参加できるために重要なこと

まずは何が苦手な感覚なのかを、子ども自身や周囲の人（親・教員・友達）が理解することが重要です。

感覚過敏は我慢すれば慣れるものではありません。ジェットコースターが苦手な人に、何度乗らせても得意にはならず、逆にトラウマになります。なので、苦手な感覚刺激は、逃げる・避けるが原則です。感覚刺激を軽減するために、イヤマフやサングラスなどのアイテムを使うことも有効です。感覚的に受け入れられない給食の食材やメニューは、お弁当を持参してもいいでしょう。

どうしても避けられない感覚刺激については、前もって心構えができるようにしましょう。例えば、聴覚過敏のあるお子さんには、黒板拭きクリーナーをいまから使うと伝えてあげたり、フィルタリングが苦手な子どもには、先生が号令をかける前に手を挙げる、などもいいでしょう。

子どもの感じ方は十人十色で個性と言えます。無理に子どもを変えようとするのではなく、子どもそれぞれの感じ方を周囲が理解して、どの子にとっても学校が居心地のよい空間になったら素敵だなと思います。

その子にとっての理解者の大切さは、本当に感じます。望さんにとっての理解者は、お母さんでした。お母さんは、望さんの苦手な感覚を理解し、不安感を受け取ってくれていました。例えば、字の書きにくさを訴えていた望さんに対し、お母さんはどんな鉛筆・ペンが望さんにとって書きやすいかを、望さんと一緒にいろいろ試行錯誤を重ねていました。その試行錯誤した経験は、望さんにとって安心をもたらしていたと思います。

アイテムを使うことも有効なんですね。望さんは、学校だけでなく病院や買い物もままならず、パーカのフードを深くかぶり、少しおどおどした様子で、照明や店内の音を過敏に受け取ることを警戒していました。その場所に行くだけでも疲れが出ている状況でした。しかし、振動ボールやイヤマフといった場にいやすくなるためのアイテムを使うことで、気持ちが落ち着くことにつながっていました。振動ボールを両手で持ち、「これ落ち着くんだよねー」とホッとした表情を見せた望さんが印象に残っています。この振動ボールによって、その不快な感覚の中でも活動できるようになり行動範囲も広がりました。実はこの振動ボールは、望さんとお母さんと私（上前）とで探しに行ったものでした。こういった自分で問題を解決できたという経験も、望さんにとってすごくいい影響を与えたと思います。

自分を理解してくれる存在や、自分にとって大切な作業を居心地のよい空間で取り組むことを通し、たくさんのことを経験していけることが本当に大切だと感じます。感覚過敏があっても、安心して作業に取り組んでいける子が増えていくことを、切に願っています。

高橋　香代子（たかはし　かよこ）・作業療法士
北里大学医療衛生学部を卒業後、米国ボストン大学大学院にて博士号を取得、北里大学病院での勤務を経て、北里大学医療衛生学部に着任し現在に至る。小児領域での臨床活動は、療育センター通所・入所施設、小児科クリニック、放課後デイサービス、大学病院（小児病棟、NICU）など多岐にわたる。

03 学習障害と学校生活

丹葉寛之＋仲間知穂

❶ 学習障害ってなんだろう？

学習障害（ＬＤ）とは神経発達症（発達障害）の一つです。文部科学省の定義では「学習障害とは、基本的には全般的な知的発達には遅れはないが、聞く、話す、読む、書く、計算する又は推論する能力のうち特定のものの習得と使用に著しい困難を示す様々な状態を示すものである」とされています。

知的発達に遅れがないにもかかわらず、勉強に関わることに困難さが見られます。**子どもたちは努力していますが、本を読むこと、黒板を写すこと、算数の計算や図形が苦手などさまざまな学習に課題を示します。**困難さは子どもによってそれぞれ違います。すべてが難しいわけではなく得意なこともあり、それを認めてあげることがとても大切です。ＬＤは学習が開始された後の年齢で診断されることが多く、学童期の子どもの5～15％に見られます。また、文部科学省の調査では知的発達に遅れはないものの学習面で困難さを示す割合（小学校）は6・5％という報告があり、1クラスに3人から5人程度の支援が必要な子どもが在籍しているということになります。

ゆいまわるでは、努力し続けて限界を迎える頃SOSがありつながります。楓真さんも5年生の時に努力の限界を迎えていました。それでも「もっと頑張れ」「やればできるのにやる気がない」という担任の先生の言葉に傷つき、関係性を保てなくなり、登校ができない状態にまでなってしまいました。

LDのお子さんは自身の苦しさが、自分だけだとは知らず、努力し続けてつぶれてしまう子が多いと感じます。

LDの発症メカニズムは現時点では解明されていませんが、先天的に脳機能に何らかの機能障害があると推定されています。例えば、読字障害の発症メカニズムは視覚関連機能の障害、聴覚－音韻処理機能の障害、小脳関連機能の障害などさまざまな仮説が提唱されています。一方で視力や聴力の低下、知的な遅れ、環境的な要因が直接の原因になるものではないこと、子どもの努力不足や子育ての仕方が原因ではないということを理解して支援する必要があります。

子どもたちは学校生活の中で一生懸命に頑張ろうとします。しかし、うまくできずに努力が必要なことがあります。学習を遂行するためには、言語理解やワーキングメモリ、視覚関連機能（視知覚機能や眼球運動など）、感覚処理機能、姿勢や運動などに加え、学習している環境、子どもの自己肯定感などさまざまな要因が関連しています。子どものもっている力を客観的に捉え、子どもの思いや環境をうまく整えながら支援する必要があります。

私が楓真さんと出会った5年生の終わりの頃には、彼は学習については向き合うこと自体拒んでいました。学級に行けないだけでなく、学校のあらゆる活動に拒否的でした。しかし、彼は本当は人が好きで、人に何かを教えることが上手でした。6年生になっても教室に行けなかったのですが、放課後に大好きなポケモンについて担任の先生に教えるという作業を喜んで行い、そこから苦手意識が強い学習にも取り組むことができました。ポケモンを教える作業は、楓真さんの自己肯定感やクラスとのつながりの修復に役立ったと感じます。

ＬＤで困難さを示す学習領域は「読字の障害」「書字表出の障害」「算数の障害」の3つに分類されます。「読字の障害」があると読字に努力を要するため単語を間違うことやためらいがちに音読することがあります。また読んでいるものの意味理解に困難さを示します。「書字表出の障害」があると母音や子音を付け加えたり、入れ忘れたりなどの綴字の困難さや、文章の中で複数の文法または句読点の間違いをするなど文章を書くことの困難さを示します。「算数の障害」があると数字の大小がわからない、文章はわかるが計算式がわからないなどの困難さを示します。またＬＤは協調運動障害をあわせもつことが多いと言われています。姿勢の不安定さがあると眼球運動がうまくできずに本読みで行を飛ばす、手指の不器用さがあると文字をうまく書くことができないなど、学習するためには自分自身の身体をうまく使うことが必要です。神経学的微細徴候（soft neurological sign）を捉えていくと身体の特徴を把握でき、子どもの困難さの解釈にもつながります。

楓真さんは読字障害がありました。漢字も何度書いても書き間違えがあり、練習量に結果が追いつかない状態でした。3行以上の文章は真ん中の文字が歪み見ることができない、黒板の文字をノートに筆記しようとしても、黒板の大きさに書かれた文章の規格と、ノートのマスに制御された中に書き入れるのとでは、まったく違う活動に感じてしまい、ノートのマスに合わせた改行と黒板の文章の改行が合わないとまったく書くことができませんでした。部屋の蛍光灯の色と窓の外の明るさによって教科書の文字が読めなくなったり（電気をすべて消したほうが読みやすい）、光の違いで頭痛がすることもありました。そんな楓真さんにとって毎日がどうなるのかもわからず、自分の状況について周囲に理解してもらうことも難しいようでした。

❷ 学習障害が子どもの生活に与える影響

学童期は学習や社会生活などさまざまな課題に対して自発的に取り組むことで、できた！　頑張った！という経験をしていきます。その経験を通して自分には能力があると感じていき自己有能感を高めていきます。ＬＤの子どもたちは学習領域の困難さに加えて、約半数の子どもに不器用さがあると言われています。学校生活では、鉛筆や定規、コンパスなど学習に必要な道具をうまく操作しながら、さまざまな学習課題に取り組む必要があります。しかし、ＬＤの子どもたちは一生懸命頑張ってもうまくできないと感じてしまい、劣等感を抱くことがあります。

子どもたちの困難さの背景を理解せず、繰り返し練習させることや、できないことを指摘することは、子どもの頑張ろうとする気持ち、チャレンジする気持ちを奪ってしまうことになります。子どもたちは何を望んでいるのか、どうすれば成功体験を積み重ねて自己有能感を高めることができるのかを考えることが、子どもたちの生活を豊かにすることにつながります。

自分の苦しさを理解してもらうことができず、毎日の違いでできたりできなかったりすることが「努力が足りない」と評価され、学習以外では自分の価値を見出せることを探すことができず、楓真さんは劣等感の塊でした。当時やりたいことももてず、家から出られない日も続いていました。心の不安は腹痛や頭痛など身体症状として出ることが多く、周囲もそれ以上手を差し伸べられないと感じていました。

だからこそ、ポケモンが自分とクラスをつなぐんだとわかった時の、イキイキして前のめりで先生と交流していた楓真さんのエネルギーは本当にすごかったと感じます。

③学習障害の子どもたちが安心して学校生活に参加できるために重要なこと

子どもたちが安心して学校生活に参加できるためには、安心できる環境をつくることが必要です。環境には人的環境、物理的環境の二つがあります。人的環境とは子どもたちへの人の関わり方になります。子どもたちの困難さを理解して関わっているか、適切な声かけや指示をしているかなどになります。また、子どものもっている力に対して大人の期待値が高くないかも重要です。期待値が高いと子どもに難しい課題を求めることになります。

物理的環境とは子どもが学習や生活で使用する道具や空間、学習課題が子どものもっている力に対して適切かなどになります。環境を整え、子どもに適したサポートツールを提供することにより子どもたちの課題への取り組みと成功感が大きく変わります。

本来、子どもたちは学校生活の中で、頑張ってできた経験を通して自己有能感を高めていきます。それが次へのチャレンジにつながります。子どもが安心した学校生活を送るためには周囲の環境や関わり方が適切かを振り返ることがとても大切です。

学校現場では人的環境が本当に重要です。楓真さんも先生とつながり、友達とつながり、学級とつながっていく中で次に必要なことは物理的環境でした。本格的に勉強も頑張りたい！と本人が願えるようになったからです。視覚的に文章を読み取れずにいた楓真さんは、プリントはすべてグリーンの紙に印刷し、茶色と紫色のサングラスをつくり光の加減で見え方が違う困り感を、そのサングラスをかけることで対応しました。教科書などグリーンの用紙に印刷し直せないもののために、紫・青・緑・黄の透明シートを準備し、それをかざして見ることで対応しました。楓真さんは5年生までの学習を6年生から中学校3年間を通してリカバリーし、念願の高校に合格するま

でに至りました。自己有能感を高めるためにまずは、その子の困り感の理解と共感、そして、人とのつながりを通して社会とつながっていける架け橋が重要だと感じました。

丹葉　寛之（たんば　ひろゆき）・作業療法士
通園施設で16年経験した後、関西福祉科学大学教員になる。現在は大学勤務の傍ら、支援学校や地域小中学校、幼稚園、保育所の気になる子どもへの巡回指導や療育相談などを行っている。
―日々の関わりの中で子どもたちのやりたい気持ちと笑顔、先生や保護者の安心と笑顔を引き出すことを心がけて取り組んでいます。

Part 6

まちづくり
―まちの健康を考える

仲間知穂

CHAPTER 1

人の幸せや、健康を取り扱うことの責任

1 幸せは誰が決めるのか

「しあわせはいつもじぶんのこころがきめる」　みつを

幸せかどうかは、自分しか決めることができないのに、福祉の世界になると、その幸せを専門家が決める傾向があり、さらに家族は、そこに疑いをもつことはありません。

飲食関係では、料理が美味しいかどうかは人それぞれであり、そのことを利用者側が主張することが尊重されています。いまであれば美味しさだけでなく、SNSに載せるための見栄えの良さであったり、自宅に届けてくれるかなどの便利さなど、飲食に何を求めるのかについても選択の自由があります。そしてサービス提供者は、客のニーズに合わせて追求します。ニーズに合っていれば流行の店となるし、ニーズに合わなければ客は足を運ばなくなりますので、わかりやすいフィードバックを受けることになります。

一方、幸せや健康のために関わる医療や福祉の立場は、何をもって良いとするのかとても曖昧です。私が病院にいた頃は、定められた入院時期に、最大限の医療的技術を施行することにエネルギーを注いでいました。そして当時は、その結果に対して、患者さんの生活や幸せにどう貢献できているのかと向き合うことは少なかったと感じています。当時の私は最大限、自分の技術を提供したことに満足して、提供した結果を患者さんの視点で見ることを怠っており、一方的な技術提供だったと感じます。

地域で作業療法するようになって、クライアントの生活状況を肌で感じることができるようになり、自分が提供した技術の結果を、はっきりと先生や子どもの生活への影響として見ることができるようになりました。あらためて、何をもって良しとするのか、悪しとするのか、人の健康や幸せに貢献できたかどうかという基準を、私たち専門家が決めるのは理不尽だと感じました。それは家族と先生と本人にしか決めることができないのです。

2 自分の子育てで学んだ「大丈夫」の曖昧さ

息子の件で自分自身が福祉を提供される側となり、さまざまな専門家からサポートを受けました。直接「問題がある」と息子を指摘した保育園の先生に対しては、強い不安を感じてはいましたが、自分の中でその取り扱われ方に対し「嫌だ」というはっきりとした感情をもてたからこそ、私と息子にとって、先生たちがすすめるその生活は幸せではないし、健康的ではないと、拒否することができました。

一方でとても複雑だったのは、保健師さんの「大丈夫です」の言葉でした。何をもって大丈夫と判断しているのか曖昧なままだったからです。大丈夫と言われれば親として一時的に安心感はもつものの、結果的にうちの息子は保育園を転園するまでの間、多くの時間をフリーズして過ごし、自分らしく楽しく過ごす時間も経験も提供されずに時だけが過ぎてしまいました。そのことを思えば大丈夫じゃなかったと思います。しかし特に怪我なく、とりあえず、保育園にいられるという点であれば大丈夫であったと言えます。

私は作業療法士なので、この生活に意味を見出すことはできないと判断し転園をすることを決めることができました。しかし多くの親御さんの話を聞くと、その子にとって健康といえない生活のまま「怪我なく」「他児童に迷惑をかけず」といった状態を良しとして進んでいるご家庭が多いと感じます。本当は届けたい教育や保育が届かないまま生活が凍結しているのに、その「大丈夫」とされた生活を変化させられないのだと学びました。

私の経験は「大丈夫」という専門家の生活に対する曖昧さに直面した時、**親は本当に自分と子どもが望む生活を決めることができないのだ**と学ぶことができ、それはいまのゆいまわるでの生活づくりに役立っています。ちなみに親子通園をつくりたいと強く願ったのはこの経験がきっかけです。

3 ● 人の幸せをデザインする指標としての「作業」

作業療法において、**人の健康は、その人がその人の生活する場（環境）で、その人のやりたいこと、する必要があること、しても良いと思うこと（作業）ができることを通して人は健康になる**という概念をもっています。そのため、ゆいまわるでは、子どもと家族が幸せか否かは、その人の生活の場で作業ができることが広がっていくこと（作業遂行の拡大）である、とはっきりとした基準をもっています。それができている時、その人の健康に貢献できていると考え「良し」としています。

私はこの概念に出会った時、クライアントにとってわかりやすく、同時に責任をもってクライアントの健康と向き合えると感じました。

CHAPTER 2

まちのニーズとは何か

地域の自立支援協議会に参加させていただく経験を通して、会議の場で話し合われることや、そこで決められていく提案が、地域の困り感や自分ごととして取り組んでいくには温度差があることを感じてきました。会議で決められたことが、地域の政策となり結果的に貢献できる形をとることにはなるかもしれません。そのシステムは大変重要であると思います。しかし、話し合われている内容も、提供されるサービスも、地域住民にとって受け身であることに課題を感じてきました。

（自立支援協議会とは、平成24年4月から法定化され、地方自治体が主導して、障害者の自立と社会参加を支援するための政策や計画を協議、推進する場として機能しています。この協議会は、障害者やその家族、関連専門家などが集まり、障害者のニーズや要望を共有し、具体的な支援策やサービスの提供方法を協議する場として機能します）

地域にはたくさんの困り感やニーズがありますが、それが自立支援協議会や行政の会議の場や議会などの大きな場で取り扱われるか否かは、世の中の注目度によると感じています。例えば、OECD（経済協力開発機構）が「子どもの経済的欠陥」についてのレポートを公表し、日本の子どもの貧困率が高いことが国際的に注目されることによって、最近は「子どもの貧困問題」が取り扱うべき地域課題としてクローズアップされました。そして、その対応については、さまざまな意見が出る中で、専門家の意見が採用され政策として動き出しています。自治体として、国としての大きな単位で政策を決めていく際には必要なシステムです。しかし、重大な地域社会の問題で、その政策が本当に子育てや子どもの生活に効果的なのか、実際に生活する市民が主体的に関われるものなのかといった批判的思考をもつことも重要であると感じてきました（図1）。

私は地域に馴染んでいくセンターとしてまちの健康を形にしたいと願ってきました。地域の人々が受け身ではなく、一緒に真のニーズと課題を探究し、主体的にそのデザインに参加していくようなまちづくりがしたいと思いました。

そのまちづくりを実現するために取り組んだことは、現場に実際に出向き、その環境にいるその人の声からニーズを再度見直すことでした。

「届けたい教育」に焦点を当てることはまさに、そこから生まれたものでした。「先生がなぜ問題を感じたのか、本当はどうしたいのか」「お母さんが子どもに願うことは何か」現場の声から、本当にやりたいこ

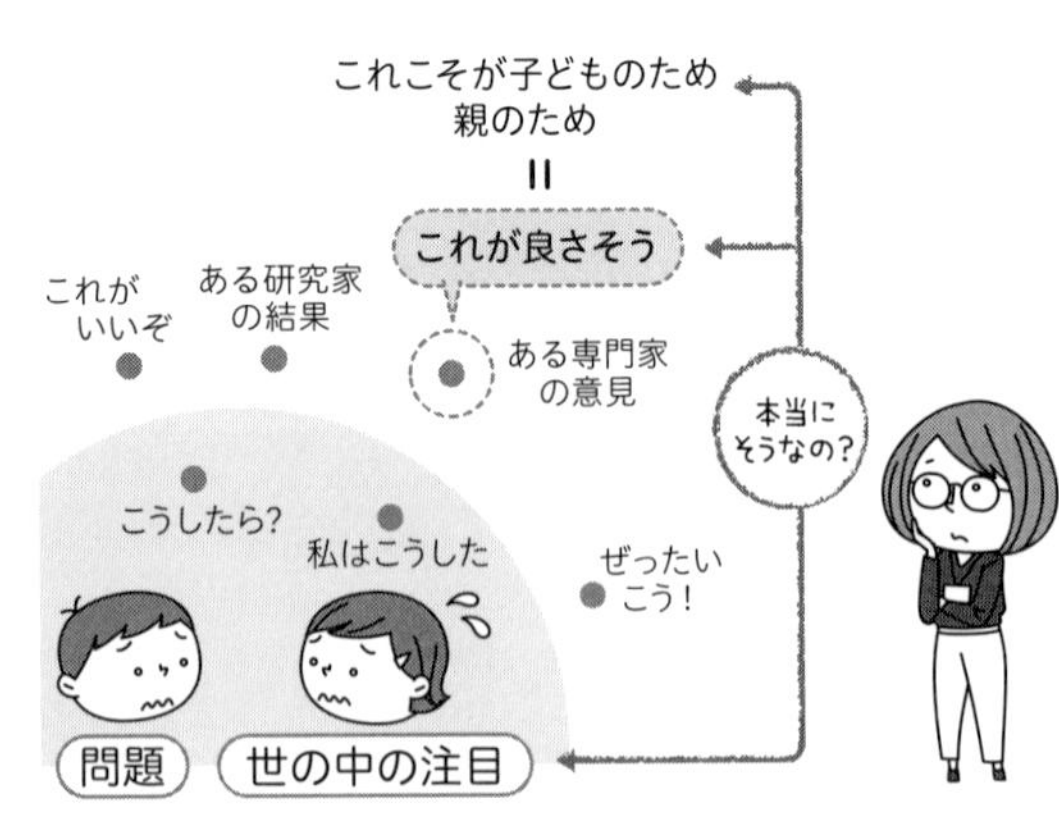

図1）

とを一つひとつ形にしていきました（図2）。

２００９年から現場の真のニーズを一つひとつ形にしていき、15年を経て４００以上の声になりました。そして振り返った時に、届けたい教育に焦点を当てることが、あらゆる子どもの教育への参加を可能にし、親が安心して学校に関わることができ、先生が健康になり、学級がうるおい、インクルーシブな教育が可能になることにつながる結果となりました。

これから紹介する、まちと一緒に作り上げたあらゆる事業は、そうした下積みの上に成り立っています。

子どもと親と先生の
幸せな生活とは

・子どもも参加できる
・親が安心
・先生が元気
・学級がうるおう
・ダイバーシティ
・インクルーシブ教育

届けたい教育
子どもと親と先生の作業

・届けたい教育に
フォーカスすること

語って！教えて！

問題

世の中の注目

図2）

CHAPTER 3

「まちOT」としての学校作業療法

仲間知穂
金城　愛

こどもセンターゆいまわるでは福祉型児童発達支援センターとして沖縄県南風原町と南城市、嘉手納町から委託による学校訪問が始まっています（２０２０年7月）。その中で南風原町での取り組みを中心に、まちのニーズを形にする学校作業療法（学級経営コンサルテーション）についてお伝えします。

南風原町は人口が４万４４０人（２０２３年3月現在）、保育園17園（認可保育園）、幼稚園４園、小学校4校、中学校2校があります。これまで南風原町の発達支援には乳児健診、専門家の保育園巡回、就学前相談等があり、その場で対応方法の検討や相談は行ってきました。

これらの支援に加えて、乳幼児期から就学に向けた効果的な関わり、保育士や教員等の技術と対応力の向上、家庭環境や発達特性の違いにかかわらず、子どもたちが最大限発達できる学校生活の実現、学校・家庭・行政間の連携の実現を目的として、次の事業がスタートしました。

1）幼稚園、小・中学校の作業療法士派遣（教育委員会委託事業）
2）保育園の作業療法士巡回相談（保健福祉課委託事業）
3）親子通園（保健福祉課委託事業）

1 ● 地域の文化として育った「まちOT」

「まちOT」（OTは作業療法士の略）という事業は正式な事業名ではありません。ゆいまわると行政や学校、園の現場の先生たちなどが一緒につくりだした、いわゆる「文化」です。

ゆいまわるが立ち上がった当初は、「保育所等訪問支援」という福祉サービスのみで学校作業療法を提供していました。これは福祉サービスなので、保護者が利用したいというリクエストからスタートし、決められた手続きを踏んで利用する仕組みになっています（図3）。福祉サービスでは、契約したクライアントしか訪問することができません。

しかし、学校の授業や園の活動を見ていると、契約していないお子さんの中にも気にしてあげたい子はたくさん存在します。先生から、対象ではないお子さんの相談を受けることも非常に多いのです。このように手続きを踏んだご家庭にしかサービスを提供できないところに、かねてから課題を感じていました。

本来、子どもたちは集団の中で生活をし、集団の中で育つものです。個別の支援だけでは、その子の生活を支え、生きる力

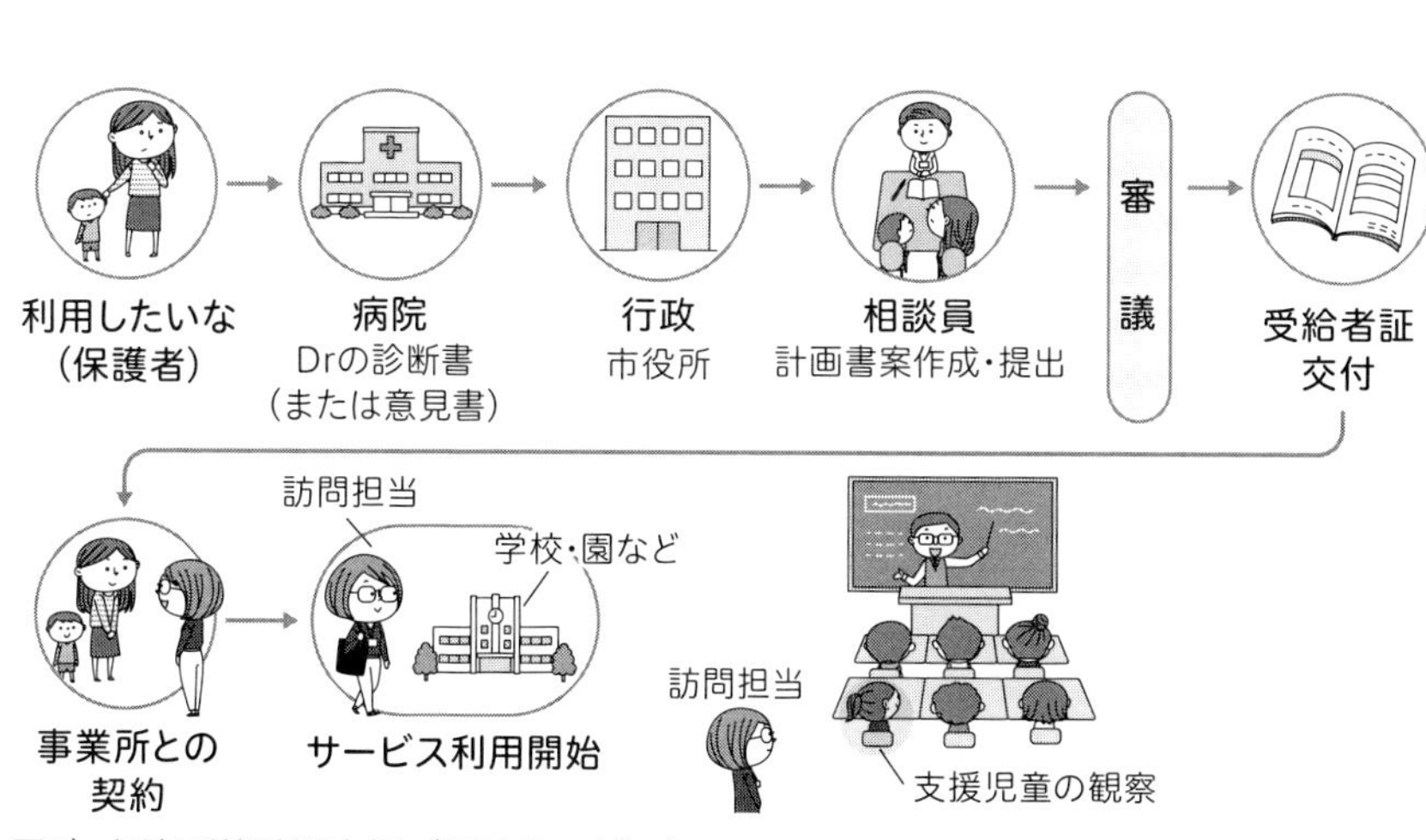

図3）保育所等訪問支援（福祉サービス）

を育てるためには限界があると感じるようになりました。

そこでこれまで福祉サービスを通した学校作業療法を提供しながら、子どもたちの生きる力を育てる地域づくりについて、学校や園、行政の方々との多くの対話を重ね「まちＯＴ」という文化は出来上がっていきました。

2 ●「まちＯＴ」としての学校作業療法の流れ

〈学校への派遣までの流れ〉

「まちＯＴ」は市町村（行政）とゆいまわるとが委託契約を結ぶことで実施されています。その後、現場へ実施するまでのおおまかな流れは次のようになります。

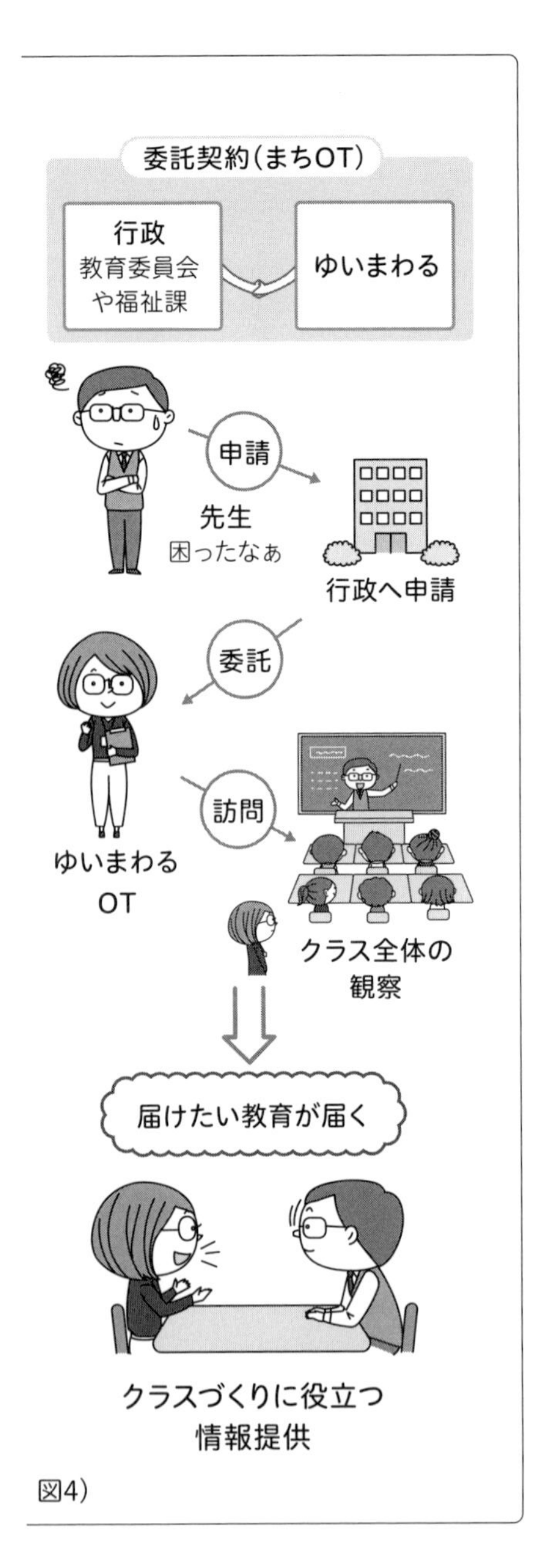

図4）

1）園や学校が「まちOT」を行政（教育委員会や福祉課）に申請。
2）行政からゆいまわるに連絡が入り訪問の調整。
3）園や学校現場にゆいまわるの作業療法士が派遣される。

〈学校現場での学級経営コンサルテーションの流れ〉

1）学校・幼稚園・保育園の各現場は、申請時に相談したいクラスについて、ゆいまわるへ紙面で情報提供を行う（1クラスあたり通常2～4人の児童について具体的な相談がある）。
2）申請後に日程を調整して作業療法士が現場に向かう。1回の訪問時間は約2～4時間ほど。
3）授業参観（45分～1時間程度）×2クラス：先生の届けたい保育や教育をクラスの中で子どもたちが効果的に遂行できるために分析する。
4）フィードバック（1クラス45分～1時間）×2クラス：分析情報を元に環境調整や提供方法、時間の使い方等、クラスづくりについて先生と作戦会議を行う。その際、相談があった子どもを中心に、すべての子どもたちに効果的な方法を検討する。

作業療法士は、先生の「届けたい教育・保育」をクラスの中で子どもたちがどのように行っているのか分析（作業遂行分析）し、その情報を元に環境調整や提供方法、時間の使い方等、学級運営について、担任の先生を中心に作戦会議を行います。

この作戦会議は、子どもたちのことを先生たちが日々の様子や未来像を思い描きながら行うものなので、とてもユーモアとオリジナリティにあふれた会議となります。相談があった子を中心にしながらも、すべての子どもたちに効果的な方法を検討しています。1クラスあたり3回の訪問を基準とし、訪問ごとに先生に遂行度と満足度をつけてもらうことにしています。遂行度・満足度をつけてもらう目的は、1年を通して先生たちの「届けたい教育・保育」が届いているのかどうかを、お互いに検証する指標になるからです。

このように福祉サービスとしての「保育所等訪問支援」と、市町村の委託事業としての「まちOT」には違いがあり、それぞれの特徴や強みがあります。

福祉サービスは、家庭と園・学校との連携が中心という一面もあり、個々の支援に強く、きめ細かく対応していけるという特徴があります。

一方「まちOT」は先生たちの「届けたい教育」が届くためのクラス全体の支援に役立ち、申請の手続きが簡潔、障害の有無、受給者証の有無などに関係なく利用できる、という強みがあります。

ゆいまわると連携して「まちOT」に取り組んでいる市町村には共通していることがあります。それは、**それぞれの市町村が自分の地域の子どもたちに望む姿、地域全体として子どもたちに「届けたい教育」がビジョン化されている**ところです。

はじめからビジョンを明確にもっていない市町村もありますが、必ず対話を通してビジョン化していきます。自分たちはどんな子育てができるまち(地域)にしたいのか、そのためには親子が、何がどんなふうにできることが重要なのか、そして、それが叶うとどんな地域になっていくと期待するのか。どの市町村との委託事業も、このように具体的な「わがまち(地域)のあり方」をしっかり共有してからスタートしていきます。これらの対話を通じて、ゆいまわるの実践を市町村それぞれが自分ごととして持ち続け、真の目的である「まちの健康」につながっていくのです。
ゆいまわるはこうしたまち（地域）の子どもたちへのあたたかい眼差しに共鳴し、一緒に文化を作り上げていくお手伝いをしていきます。

3 ● 学級経営コンサルテーションで求められる視点

〈子どもたちの多様性への対応〉

クラスには、担任の先生が相談にあげた子どもたち以外にも集団生活に不安を抱えている子どもたちがいます。友達と遊べず不安、集まりで体育座りが保持できない、授業に集中できない、担任にかまってもらいたくて不安定、片づけや物の管理ができないなどです。

作業療法士は先生が相談してくれた子どもも含めて、そのクラスみんなのニーズに対応できるようコンサルテーションすることで、クラス全体に効果的に保育や教育が届くようにしています。

相談にあがった子とその他のクラスの子どもたちが、届けたい教育がどうしてできないのか、どうしたらできるのかを分析し情報を共有します（作業遂行の拡大に関する情報）。

次のモデルケースは小学校のクラスへの情報提供の内容です（図5）。

・**事実**：実際に起こった出来事。届けたい教育に対して、その事実が効果的であるかを◎（とても効果的）、○（特に問題なく遂行）、△（やや課題あり）、▲大（変課題があり人的サポートを要する）、という基準をつけて表記。

・**解釈**：その事実の背景因子を含めた分析（どうしてそれが起こっているのかなど）。

・**デザイン**：クラス運営デザインのポイント。デザインポイントに載せた作業遂行上の問題点と利点は、相談にあがった子を中心に、クラス全体の子どもたちの作業遂行の拡大にもつながる内容を意識して記載。

これらの情報から、先生は例えば、座り続けることへの気持ちの負担や、机上課題への負担を減らす工夫を考えるかもしれないですし、発表の場を増やし、先生が認める工夫を考えるかもしれません。このように、複数の関わりから先生が自由に選択していけるように情報提供を

学校 おきなわ小学校 クラス　2年1組 （　いちろう先生　）　XX年 5月 30日	届けたい教育	
	❑ 育ち合える友達の関係	友達同士，互いに影響をしあい，ルールを意識し気付ける関係
	❑ 授業の主体的参加	姿勢を正したり、落ち着いた行動が取れるようにする。
	❑ 先生との関係	不安なことを先生に相談できる。改善していくことができる。

【事実】	【解釈】	【デザイン】
＜Aさん＞ △日直で前に立っているときにあくび。△着席後も机の上に置いた両腕にもたれる。 ◎先生の口頭指示には反応・返答あるが△すぐに後ろを向いて友だちと話す。 ○教科書を見るよう指示に対し教科書を準備するが，▲同時に手遊び増える ▲授業開始時姿勢の固定強い▷過剰努力的 ▲先生から授業課題提示があっても友達との雑談をやめていないが， ○ほぼすべて課題はこなしている。 ○後ろを向いて雑談後，前を向いて瞬時に課題に取りかかる。 ＜Bさん＞ ▲授業開始時準備できていない △先生に指摘されふてくされ，わざとダラダラ準備を行う。 ◎先生の口頭指示はよく聞いていて，先生が話す度に行動を変化させる。 →できないこと，苦手なことは"やらないぞ"とわかりやすい雰囲気を出す。 →できること，注目されていることは「やってるぞ！」自慢もできる。 ＜Cさん＞ ▲消しゴムを使う時，全身が揺れる。 ▲姿勢：背もたれに依存。体幹左に傾き＋，左足で踏ん張り続ける。 ▲授業中何度か机を持ち上げようとする（力を発散したい欲求） ◎黒板に書かれたことだけを必死に書き写す。（△それ以外に注意が向かない） △友達の発表など全体の流れには全くついていけていない。 △授業内容の理解が追いついていない様子。 （挙手なし・書き写すのみ・課題は遂行せず回答が出るまで待っている）	→覚醒レベルが低下しやすい →期待されている課題に価値を持っている。 →じっとしている・聞く等，inputメインの行動を求められると不安が高くなるため，予防線として手遊びを始める。 →「雑談」と「指示理解」を同時に遂行できる（並行処理可能） →視覚情報・聴覚情報を瞬時に統合して，状況を理解できる（学習する力が十分ある） →準備など予測した行動が苦手。しかし本当はちゃんとやりたい！という価値を持っている。注意されることは本人にとって不本意。 →予測した行動が苦手なため，できないことが急に発生することが怖い。でも本当は認められたい！できるようになりたい！という思い有り。 →できることになると必死に頑張れる。 →姿勢コントロール課題あり（上肢の机上動作を保障できていない） →体の内部情報（固有受容感覚）がうまく働いていない。力を再確認しないと不安。 →机上課題遂行困難（座位保持・鉛筆やノート消しゴムなど細かいものの操作に過剰なストレス） →授業が机上動作中心のため，こなすだけで必死。授業内容の理解に意識が使えない。 →自分ができることはこなそうと努力。	＜先生が現在行っている手立て＞ ❑ 対話でも授業に参加できる機会の提供（認められる） ❑ わかりやすい黒板（途中から参加し直しても状況が把握しやすい黒板） ＜ポイント：問題点＞ ◆机上動作に過剰な努力を要していて授業に集中できずにいる。 ◆姿勢コントロールで苦しんでいる子が多い。 ◆長時間動けないことが，勉強への集中力を低下させやすい。 ＜ポイント：利点・強み＞ ◆授業に参加しようとする個々の努力あり！ ◆先生と子ども達の信頼関係 ◆先生に認められたい！と思う児童が多く，先生を注目している。 ◆発表・発言が好き。 ◆授業内容を考える力がある子が多い。

図5）学級経営コンサルテーション情報

行うことが重要です。クラス全体に効果的で、実現可能であり、授業など形態が決められた活動に支障をきたさない方法を先生が選択できることは、子どもたちだけでなく提供する先生の健康にも良好な影響を与えるため、重視しています。

〈複雑な家庭環境への対応〉

家庭環境が子どもたちの学校生活に影響を及ぼすケースもあります。子どもの貧困問題のところでも説明しましたが、朝ごはんを食べてこられない、学習道具が揃っていない、宿題を見てもらえない、夜寝る時間が不規則、家庭ではずっとインターネット動画を見て過ごしている等の家庭生活は、授業中寝ている、友達と関係が築けない、無気力、精神的に不安定など、学校生活へ影響を与え、そのことがその子にとって大切な学校参加を阻害します。

学校での関わりで重要なことは、家庭生活の影響があっても、学校で子どもの作業（学習・友達との交流・係活動など）を保障することです。そのことにより、自己肯定感や進学といった広く深く生活への影響を改善していくことが重要なのです。さらにこれらは貧困の連鎖を断ち切る視点としても重要です。

状況改善に先生が複数の方法を選択できるため、家庭生活の影響で起こっている問題であっても、学校の中で対応できる方法から介入することができるのです。例えば、筆箱の中身がいつも入っていない児童に対し、「物を管理できることを教育したい」と希望があったケースでは、学校に筆記用具を揃え、朝必要なものを借り、返却できることを通して管理を学ぶ機会を担任と提供したこともあります。

このように先生と届けたい教育に焦点を当て、遂行上の問題点と利点を整理し、すぐ対応できることから行うことで、家庭の状況に影響を受けず教育を保障できるようにコンサルテーションしていきます。

〈いじめや人間関係への対応〉

文部科学省が発表した「問題行動・不登校調査」[*1]によると、いじめ防止対策推進法が施行された2013年度の集計以来、認知件数は2022年までの9年年連続で増加しており、いじめを認知した学校は、学校総数3万6366校の82・1%にあたります。この数値からも、どういじめを解決するのかということよりも、常にいじめは発生するものであることを前提に、クラスでの生活が楽しくてやりがいがあって、そもそも子どもが「いじめを選択しない学級づくり」について考えることが重要です。

また、個人の対人交流技能の問題が集団生活での人間関係構築に支障をきたす場合もあります。それとは別に、学級全体で互いを否定し合っていたり、授業中ヤジを飛ばし続けるなど、子どもたちが他者を傷つける作業を選ぶ傾向にあり、いじめなどのトラブルも発生しやすい学級に対応する場合もあります。

作業療法士は、いじめや対人関係の問題を「問題」として捉えず、いじめや対人関係の問題を選ばざるを得ない「状況」として捉えます。そしてクラス全体がやりたいことや期待されていることに主体的に取り組める環境づくりを行います。

例えば、先生と児童が信頼関係をつくれず、授業中のヤジや友達同士のトラブルが多かった5年生のクラスの「まちOT」では、次のような取り組みを行いました。

授業中求められる学習課題（机上課題）に対し、多くの子どもたちがやり遂げられず過剰に努力を強いられる状況でした。先生の話から、5年生で求められる授業の内容量が多く、現状の学習課題量をこなす必要があることも理解しました。

先生の届けたい教育の一つは「授業に安心して集中できること」でしたので、授業時間外に心と身体をリセットできることが重要であること、多少の学習課題のストレスがかかっても、先生と子どもたちが信頼し合える関係を築くことが必要であるとチームで共有し、そのための作戦会議をしました。

そして、休み時間は居残りなどの学習をしないですむ環境を整え、かつ、先生も子どもたちと一緒に遊ぶプランが立案されました。この作戦によって、子どもたちの運動量や遊びによる気持ちのリセットを保障しながら作業バランスが整っていきました。さらに遊びを通して子ども同士や先生との関係性が深まりました。授業中の落ち着きのなさはその後も続きましたが、授業と関係のないヤジを飛ばす子どもはいなくなり、グループワークなども含め秩序をもって協力し合えるクラスとなっていきました。

2020(令和2)年度は、新型コロナウイルス感染症の影響が特に大きく、遊びや運動と学習時間のバランスが崩れて、作業不均衡な子どもたちがあふれていました。休校により先生や友達と関係がつくれないまま授業がスタートし、互いの関係性が不安定な状況も多く、前例のない難しい学級経営を担任の先生は求められていました。

作業療法士は、これらの届けたい教育がうまくできない状況(作業的不公正)を分析し、やりがいをもって子どもたちが主体的に活躍できる学級環境を先生と調整することが役割なのだと改めて実感しています。

〈参考文献〉
*1 文部科学省「令和4年度 児童生徒の問題行動・不登校等生徒指導上の諸課題に関する調査結果」
https://www.mext.go.jp/content/20231004-mxt_jidou01-100002753_1.pdf

CHAPTER 4

親子が元気になる子育て

中原あすか（ゆいまわる作業療法士）
大城　千秋（ゆいまわる保育士）

1 ● 親子通園（ゆうなえん）への思い

〔子育ては楽しむ〕

発達に凸凹があると子育ては制限される⁉

親子通園には、健診や保育園で発達の遅れや気になることを指摘されてからつながるケースが多く、その親子たちは、これから先の生活に対し不安を強く抱いています。

「うちの子は保育園では対応できないのではないか」

「保育園の後の生活はどうなるのか」

いまどうしたらいいのか、これから先どうなるのかが見えない不安を抱えている家族が多くいるのです。

発達に凸凹のある子どもの子育てになると、専門病院への受診や福祉とつながることをすすめられます。そしてそのことは、子育てについて、親に予測できない事態に備え続けさせる不安を抱かせます。この状況は当事者（親）も周囲も当たり前であると感じているため、そこから抜け出せると思っていないようです。

ゆいまわるでは子育てに対し、**「楽しむこと、一人で抱えることなくみんなで叶えること、自由に選択で**

きること」をコンセプトにしています。だからこそ、発達の凸凹があるだけで進むことができる道が制限されると感じたり、実際に制限される現状に対し、私たちゆいまわるは、どんな子でも望む生活に向けて一緒に考えてデザインする人が必要だと感じました。

〈子育てはみんなで叶える〉

発達を指摘された経験のある保護者は、安全面の配慮や人に迷惑をかけるのではないかとの思いから、外出を控えていることがあります。そうなると、ちょっとした子育ての疑問や不安も抱え込んでしまい、孤立して子育てをしてしまうケースがあります。

そのため、ゆうなえんはみんなが安心して通い、そして、卒園した後も安心してその地域で過ごせるつながりをつくります。重要なことは対話です。保護者同士が安心して話をする時間を重視しています。スタッフが介入しすぎないことで、保護者同士で疑問や不安を話していたり、遊ばせやすい地域の情報等を共有する姿がみられ、「LINE交換しましょう」「今度、公園に行きましょう」と卒園後もつながり続けられる関係ができていきます。昔と違い、現代は地域で一緒に子どもを見たり、話ができる人が少なくなりました。その分、保護者の子育ての負担が大きくなっています。

「みんな悩んでいるんだと感じられた」「自分だけうまく子育てできていない、と感じていたが、話すことで孤独から脱出できた」そんなピアサポートが大切なのです。

孤立してしまった家族が地域とつながりを取り戻すために、まずはすぐ目の前の家族とのつながりを大切にします。

どの保護者も、自身の子どもの特定の課題（例えば、言葉が出ないこと）に着目し悩んでいます。その**着目している問題を、ゆうなえんでは遊びを通して、やりたいこと（作業）を行うための一つのピースとして見つめ直せる**ように支えます。

以前「言葉さえ出れば」と一人で不安を抱えてゆうなえんにきたお母さんがいました。ゆうなえんでは、その子が友達に興味を持ち始めていること、そのために友達を目で追っていること、何か伝えたいと願っていることをお母さんと一緒に発見していきました。

そして、その子とお母さんが願う友達との交流の方法の一つとして、確かに言葉は便利であることと同時に、この子の愛嬌や遊びへの興味・関心の強さ（いまできていること：強み）が、言葉以外の人との架け橋になっていることも共有しました。

このようにゆうなえんでは、わが子の問題に悩む家族に対し、**一緒に希望する生活（今回は友達との交流）にフォーカスし叶える視点で、子どもの理解を深めながらさまざまな発見をシェアしていきます。**

こうした発見は子どもの「できる」に目を向け、そこから生活をデザインしていく助けとなります。それだけでなく、できるをデザインする視点は周りの保護者とも楽しく共有することができます。

「最近○○よね！」「○○してたよ」そんな保護者同士の「できる」の発見は、安心して子育てをシェアするきっかけとなり、孤立していた保護者もやがて、みんなと笑顔で子育てを相談できるようになっていきます。

言葉さえと悩んでいたお母さんも、その子の強みも生かし、望む生活を叶える道のりを描くことができるのです。

〔子育ては自由に選択する〕

保護者が子育てに安心できれば、やりたいことを自由に選択して生活を広げていくことができます。あるお母さんは、ゆうなえん卒園後の生活について、この子の保育園入園時期はいつ頃がいいのかと考えたり、地域のサッカー教室やスイミングスクールに通わせようかと検討したり、自発的に地域で育っていくための道を探していきました。

ゆうなえんでは、地域生活への参加を重視しています。保育園はその一つです。集団生活は大丈夫か、友達と遊べるのか、いじめに遭わないか、困ったら助けを求められるのか、そんな不安から保育園を選べずにいる家族に対し、ゆうなえんにいる間に具体的な未来予測図を描いていきます。その子の発達を支えるのはもちろんですが、それだけでなく、希望する保育園とのつなぎや、ゆいまわるの訪問と連携して保育園生活のデザイン、友達との生活へのステップを描き、焦らず保育園側と育てていけるプランを共有するなど、準備をすることで、保育園も安心して選択できるようにしていきます。

2 ● ゆうなえんの取り組み

一般的に親子通園とは、発達や育児に何らかの不安がある親子が、子どもの集団での活動を通して、親子の関係性を支援する取り組みです。沖縄県では主に、保育士、心理士が実施しています。

ゆいまわるでは、２０２１（令和３）年度より南風原町保健福祉課から事業委託を受け、週1回（毎週水曜日9時15分～11時15分）、4か月間の利用期間、1クール最大4組で親子通園（ゆうなえん）を実施しています。健診や保育園などから紹介されて申し込み、役場や心理士の面談を経て利用決定された親子を対象に、保育士、作業療法士が活動を行っています。

親子通園参加までの心境

・専門病院や福祉とつながることをすすめられたり、子育てについて予想できない事態に備え続けさせられる不安
・指摘された課題に着目し悩む

子育てプラン立案（目標設定）

子どもや保護者の作業に焦点を当て、保護者と一緒に作成する

子育てプランをみんなでシェア

保護者同士でシェアしたり語ってもらうことによって、思い描く子育てを明確にしていく

我が子の子育てプラン

社会参加のベースを育てる活動

基本的習慣と、感覚運動遊びや制作・季節の行事など保護者も一緒に活動を実施し、成長をみんなでシェアする

お話会

子どもと離れて子どもたちについて語ったり、感覚やことばの勉強会を実施する

我が子の子育てプラン

卒園

通園前・通園中の様子や成長を振り返り、未来を語ってもらう

我が子の子育てプラン

ゆうなえん卒園時の心境

・ありのままの子どもの姿を、成長過程として安心して見守れる
・自ら望む未来に向けて考え、自らの選択に自信を持てる

地域へ

〈①わが家の子育てプランづくり〉

「困っていることを解決するために」ではなく「困っている先に、どう成長してほしいか」「子どもとどんな生活をしていきたいのか」「希望する地域参加は何か」など、子どもや保護者の作業に焦点を当てて話をしながら、望む将来に向けた子育てプランを保護者と一緒につくります。子どもだけでなく親も主人公であることに気づいてもらうことも目的の一つです。

〈②子どもの成長をみんなでシェア〉

子育てプランをシェアしながら、保護者同士で自分の思い描く子育てを自由に語ることで、それが現実となるイメージを家族でもてるようになっていきます。それを聞いた他の保護者もさまざまな考えや選択肢を知ることができます。

また子どもたちと遊びながら、保護者同士、ときには子どもへも「おしゃべり上手になったね」「あ、がまんしようとしてるね」など成長をフィードバックし合うことで、他者の子どもを通して自分の子どもの成長に気づいたり、成長する希望をもてたり、わが子をありのまま受け入れる状態へとなっていきます。

〈③社会参加のベースを育てる活動〉

地域につながるためには、他者との交流や集団生活の流れに乗るための基本的な習慣、さまざまな遊びの中での刺激との出会いが重要です。

このような子どもの社会参加のベースを育てる活動に子どもと保護者が一緒に触れることは、その育ちを支えると共に、その活動を実際にするわが子を見て、保護者自身がわが子のやりたいことやできることを知る機会となり、地域参加に希望と安心感をもち、本当にやりたい生活を選択していけることを助けます。具体的には基本的な習慣（朝のお支度）と、感覚運動遊びや制作・ふれあい遊び・読み聞かせ・季節ごとの行事などを行います。他にも園外活動で近所をお散歩して地域の方々と交流したり、近くの保育園児とのお散歩、れんこん掘りなども行いました。また保護者に読み聞かせを行ってもらったりと、保護者も一緒になって楽しく参加できる活動を考えて実施していきます。

〈④お話会（子育て座談会）〉

子育てを自由に選択していくために、他者の意見を聞いて視野を広げたり、発達について知識を深めること、また保護者が自分自身のやりたいことや生活にも目を向けることも必要です。

ゆうなえんでは、子どもと離れて保護者みんなで子どもたちについて語ったり、質問し合ったり、地域の情報を共有したり、なんでも安心して聞ける場を用意します。時には感覚やことばの勉強会、ヨガや体軸体操など、保護者が自身の健康やリフレッシュに目を向ける時間も設けます。

〈ゆうなえん卒業と振り返り〉

ゆうなえんは4か月という比較的短い期間で卒業としています。重要なことは、ゆうなえんでの活動を通して保護者が子どもの成長を実感し、これからの子育てに対し安心し、自由に選択しながら楽しくデザインし叶えていくことができることです。

そのため、ゆうなえんでは卒園までに、何度も子育てプランを元に通園中の様子や成長を振り返り、今後子どもが成長していく未来ついて、保護者同士で語ってもらうことで、新しい親子の道を進んでいくイメージをもってもらいます。

3 ● 地域への影響

〈親子通園の認識が変わる〉

「地域でこんな楽しい場があるなんて、早く知りたかった」

利用した保護者の多くが、ゆうなえんでの活動を通して子育てに満足し、楽しめるようになり、ゆうなえんが「行かなければならない場所」ではなく「行きたい場所」になっていると感じます。

発達障がい（かもしれない）のお子さんを育てているという認識を、その他の子と変わらず地域とつながり楽しく育てるという、ごく当たり前の認識へ変えていくために、ゆうなえんの親子通園が存在しているのだと南風原町では認識されてきています。

〈地域の子育てへの認識が変わる〉

このゆうなえんの活動は、障がいの有無にかかわらず、子育てが自由に選択できる、みんなで叶えられる、楽しめるものであるという地域の文化をつくるための一つの手段です。

ゆうなえん（親子通園）が楽しい、また来たい、他の家族にも知ってもらいたい、と思ってもらえることは、そのための大きな一歩だと思います。発達障がいを抱える子どもが、未就学の大切な時期を児童発達支援など福祉や医療だけを利用して育つことなく、地域の仲間と一緒に、やりたいことや期待したいことの作業のシャワーを浴びて育っていける、インクルーシブな子育て社会をつくることが重要だと思っています。

CHAPTER 5

共創のまちづくり

宮崎宏興（NPO法人いねいぶる代表）
仲間知穂（こどもセンターゆいまわる代表）

まち（市町村）との取り組みを行う上で、作業療法活用の前例がほとんどないことや作業療法士の認知度の低さは、大きな壁となります。特に行政の事業では、その事業に対応する職種がすでに定められていることも多く、前例がない作業療法士が参入するためにはさまざまな準備が必要です。

どのような準備や考えが必要なのでしょうか。ここでは宮崎宏興さんと私が地域に参入していった経験を通して地域づくりについて考えていきましょう。

1 ● 実践を通した言葉をつくる

〔伝えることの難しさ〕

現場は問題の解決の先に目標の実現があると信じているため、通常、専門家は、問題の原因や解決方法を専門的に説明

地域とまちづくりを共創するために重要なこと

1) 実践を通した実績をつくる
2) 現場の文化と言葉を学ぶ
3) まち（市町村）のニーズに合わせた事業計画を立てる
4) 現場のやりたいことを形にする
5) 自分たちがやりたいことであること（楽しむ）

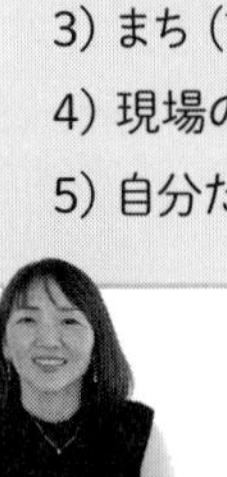

仲間知穂　宮崎宏興

することが役割であり、その説明をした時点で専門家の役割や技術が認識されます。

しかし作業療法士の場合、その生活（作業）ができるようになってから起こる変化はケースバイケースです。そして、その生活に「これがいい！」と実感をもてるのは、実際に先生たちが関わり、変化させるプロセスに携わり、その変化を感じてからになるのです。このように作業療法の効果や役割が地域現場に理解してもらえるまでには、実践を通して伝えることが重要であり、かつ少し時間がかかるのです。

〈伝えるために重要なこと〉

作業療法は先生や親、子どもが抱えている課題に対して、ポジティブに関われるように紐解くことができます。その技術は、周囲が「それがいい！」と直感的に感じさせることができるものでもあるのです。

そして、感覚的に「いい！」と思ってもらえれば、作業療法の説明（理論など）は、どんな形でもあとから伝わるのです。

この実践を感性に響かせるような、精度のいい作業療法プログラムを立案できることが最も重要なことなのです。

このようなプログラムの立案には、その作業療法士の知識と技術、相手の状況を察知して、どうしたら感性に響くのか見立てられるだけの経験に

宮崎宏興（みやざき・ひろおき）

作業療法士。1997年より、病院、介護施設、クリニックでの勤務を経て、2004年にNPO法人いねいぶるを設立し、障害福祉分野に従事。同時に、2007年より11年間、兵庫労働局龍野公共職業安定所障害者雇用トータルサポーターとしても勤務。加えて、2012年に市民団体T-SIPたつのソーシャルインクルージョンプロジェクトを設立し、ひとの個性や置かれた環境を否定することなく、できる限り穏やかに優しく肯定していこうとする気遣いと慮りの流れ、多様性を優しく受けとめた穏やかで革新的な市民活動を推進している。その他、大阪大学大学院医学系研究科老年看護学研究室招聘教員等の傍ら、保健福祉と社会づくりを目的とした教育現場・地域創生・自治体や企業とのさまざまな共創事業に携わっている。

かかっています。

2 ● 現場の文化と言葉を学ぶ

作業療法士の多くは病院で働いているため、そこでの経験しかなく、地域に出た際、相手にうまく伝わらない、受け入れてもらえない、うまく協業できないといった問題にぶつかります。それは相手に伝わる言葉を学んでいないことが原因です。

相手に伝わる言葉とは、相手の理解に合わせたり、専門用語を使わないということだけではありません。**言葉には相手の価値や文化が詰まっています。**例えば、病院ではよく「評価」という言葉を使いますが、学校では「評価」は成績を示すこともあれば、子どもの気持ちや立場などをあまり考慮に入れず、どういう状態かを明確にするような、少し冷たいイメージもあります。そのためゆいまわるでも「評価」という言葉をあえて使わずに説明すること（例えば、観察評価を授業参観と表現するなど）があります。

このようにその言葉から相手の文化の中で受け取られるイメージも配慮して、言葉を大切にすることが重要です。

そして、学校や福祉の文化、ルールを学ぶことも大切です。筆者も学校作業療法を始めた当時、学校の文化やルールを知らないことが一番の悩みでした。

そのためボランティアで関わらせてもらい、学校の文化を学ばせてもらいました。さらに障害児相談支援事業を訪問と同時期に立ち上げ、相談支援専門員の大変さや事業内容を学びました。この学びのおかげで、作業療法士による保育所等訪問支援の重要性を、当初まだ保育所等訪問支援事業が普及していなかった時代から相談員に伝えることができました。会社を立ち上げた2016年は、同時にスクールソーシャルワーカーのアルバイトも行いました。実際に学校側の立場で中に入ることで、学校のルールや教員業務を学ぶことができ、この経験がいま、学校や行政に作業療法を伝えることを可能にしているのです。

現在の学校は、そこに携わるためのツールはたくさんあります。学校に関わらせてもらう前に、朝の挨拶運動や交通整理、読み聞かせや学習サポートのボランティア、PTAなど、その地域にあるツールをうまく活用して学ばせてもらうことが必要です。

このような現場に入り、活動を共有しながらの文化の理解は、相互に言葉も文化も学び合う機会となります。そして対話を繰り返し、さらに互いの理解を深めていくことが大切です。

3 ● まちのニーズに合わせた事業計画を立てる

南風原町の事業委託では先に事業計画は立てず、町がこれまでやってきたこと、効果的に実施できていること、課題となることについて、半年かけてヒヤリングしました。

保健師が健診などで親身に関われていることや、発達障害の診断がある子にはすでに定期訪問ができていることなど、町が積極的に行ってきたことは資源であり、そこに関わる職員の経験も含めて、子どもたちの健康を一緒に考える上で重要です。

その上で、未就学から就学にかけて連携が十分にできていない、健診や保育園から情報提供はあるが、就学に向けた取り組みに活かせていない、保護者と連携が難しい、現場の保育士や教員に対応できる力をつけたいなどの課題も明確になりました.

これまでのまちの資源を生かしつつ、現状の課題への対応を事業計画に入れることで、まちのニーズに応える事業計画を立案できます。また、このように作成した事業計画は、取り組みをすすめる中で、まちの評価やリクエストなどの反応も得られやすいのです。常に、自分たちがまちのニーズに合わせて技術提供ができているのかをチェックし、学び続けることができるのです。

まちの生活に対し、いままで行ってきた地域の人たちの思考ではうまくいかなかったことを、**作業療法の視点と技術で編集し直す。**これこそがまさに作業療法士の専門性なのです。

4 ● 現場のやりたいことを形にする

まちの委託事業として訪問が開始されても、保育園や学校の現場が受け入れるとは限りません。システムが整ったとしても活用されなければ意味がありません。そのような時、現場に活用してもらうように指導をしてもらうなど、委託側（行政）の力を借りることも手段の一つではありますが、役場から現場への働きかけは強制力が強く、上から言われたのでせざるを得ないというような状況をつくります。その状況は、共創を重視する作業療法の視点からはかけ離れてしまいます。

そのため、作業療法士は取り組みが現場に染み込み馴染んでいくように、現場のやりたい！に常にアンテナを張っています。

ゆいまわるでもこれまで多くの現場のニーズに焦点を当て、委託事業の提供スタイルを変えてきました。

例えば小学校の校長先生から「担任の先生が一人で抱え込まないようにしてほしい、多くの教員が学級経営に一緒に参加できるようにしてほしい」とのニーズを受けて、学級経営コンサルテーションのフィードバックを誰でも参加できるものにしました。

「先生のエンパワメントをさらに引き出してほしい」という保育園長のニーズから、園内研修のスタイルを変え、園のケーススタディを軸としたグループワークでクラスづくりを考えることとしました。

「楽しく学級経営をしてみたい」という中学校の校長先生のニーズから、校内研修のケーススタディでのクラスづくりに作戦名を掲げて発表し合う形を取りました。

このように作業療法士は現場（個人）のやりたいことにも常にアンテナを張っています。まちのニーズと個人ニーズの交錯点を考えプロジェクトの形をデザインするため、行政からの委託の形をとりつつも、常に「作業療法は一緒に仕事をすると楽しい」と現場の声が行政に伝わり続けるのです。

5 ● まちの事業のつくり方

〔いまある事業の再構築〕

まちには、行政・民間を問わず、多様なプロジェクト（事業）が存在しています。幾重にも協議と実践が積まれたことにより実施されているプロジェクトには、これまで牽引してきた中心人物や協力者の想いと時間・労力が注がれており、「これまでのやり方」が存在しています。そして、この「やり方」には、これまで関わってきた人々がもつ課題意識や見立てから生まれた、ある種の信念や希望が含まれています。

いまあるプロジェクトを変えていく（再構築する）必要がある場合には、これまでの経緯や想いを丁寧にヒヤリングし、対話を重ね、可能なかぎり実際にやって見せながら、再構築していくほうがいいでしょう。無理に訂正したり、急な変化を期待することは、不安や疑念を生じさせ、拒絶や分断を起こす原因にもなります。

いまある事業の再構築には、プロトタイプ（試験的な実施）も取り入れながらイメージを擦り合わせることで、新たな視点を取り入れやすくなります。前提を踏襲しつつも、前提自体を変えるきっかけとなるような、感性に訴えかける（理論だけではない）魅力があることも大切です。

〈新規事業を立ち上げる〉

いま、まちに存在しない事業（新規事業）を立ち上げることは、これまでの知識や経験を活用しつつ、誰も見たことがない事業イメージを関係者間でしっかりと共有し、細やかな対話を重ねることが大切です。

ひととまちのニーズの交錯点から新たな事業を創出することとも言えるでしょう。また、はじめから計画を完成させた事業を立ち上げようとせず、これから出会うかもしれない共感者が事業に携われるよう、未完成な部分を残した計画（関わりしろをデザインしたもの）を小さく開始し、トライアンドエラーを繰り返しながら、事業を完成させていきます。

行政・住民・企業など、まちの人たちと新しい事業を始めるときは、事業の全体像が見えづらく不安や無関心な人もいる反面で、ともに事業を共創する喜びや連帯を得る機会にもなります。そのため、事業の形態を整えることも重要ですが、それ以上に、対話から生まれる共感性の芽生えや、どのような機能を備えた事業になるのかというデザインを重視し、面白がりながら取り組める心理的安全性が求められます。

新たに動き出した事業は、その運用自体が関係者の学びの機会となって、次の新規事業へと広がっていくきっかけにもなっていきます。

〈事業になるかわからないが種をまく仕事〉

そもそも「事業」という枠に捉われることなく、ただ「面白そう」だからやりたい、やってみたい実践もあります。また、いまはまだ価値が生まれないものだけど、未来には必要になるかもしれないモノコトも「面白そう」なら挑戦してみたいことがあります。そういった、自分たちがやってみたいと感じる実践も、仕事として取り組む面白さが、まちにはあります。なぜなら、私たち自身も「まちの中のひと」であり、「生活者のひとり」だからです。依頼されたり、収益があるものだから仕事になるだけでなく、自分のウェルビーイングのために行う活動も、遊びであり仕事と捉えることができます。

まちで働くということは、作業療法の視点と実践によって、既存の事業を再構築することや、ひとと まちのニーズの交錯点から新たな事業を創出するだけでなく、自分もまちの中のひととして、ウェルビーイングを求める存在でいることでもあります。まち自体をより暮らしやすく編集していく作業でもあるのです。それらの視点から、未来に向けた新たな実践が芽生えるかもしれません。

CHAPTER 6

教育長との対談「教育現場と作業療法士の連携の現状と今後の展望」

金城郡浩（南風原町教育委員会教育長）
仲間知穂（こどもセンターゆいまわる代表）

■学級経営をみんなで叶えられる

教育長

幼稚園や学校現場では、一人の教員に学級運営を任されていることが一般的です。その負担や不安もあり、行動に理解が及ばない児童がいると、結果的に「問題児」として捉えられてしまう。このことに違和感を感じていました。さらに学級運営は、柔軟に相談しにくいのが実情で、一人で抱え込みやすい。

そんな中、いい感じで相談できる人として登場したのが作業療法士でした。作業療法士が学校に入るようになり、問題として捉えていたモノの原因を理解できたことで、担任以外の先生にも情報がシェアされ、学級運営が円滑にできるようになりました。

仲間

作業療法の目的は問題の解決ではありません。そのため子どもや先生の問題が何かではなく、そのクラスをどう育てたいのかという「届けたい教育」のための分析を行い情報を共有します。そしてその情報は、みんなが「じゃあこうしようよ！ああしようよ！」とフラットに意見を出し合い対話できるものなのです。そのことが学級経営のシェアにつながったのでしょう。

■子どものニーズを知ると学級経営は楽しくなる

教育長――不思議な行動を起こす子どもたちの行動は、困り感として感じとれない場合もあり、感じとれたとしても、理解が進まないので、現場はどうしていいのかわからず、困ってしまいます。

作業療法士の方に、子どもたちが奇声を発するなどのいろいろな行動には、意味があるのだと教えていただきました。それは、現場の職員たちにとって、ロゼッタストーンの発見のような感覚だったであろうと感じていました。

先生方も、不思議だと感じていた子どもの行動が解釈できるとすごく楽しく、作業療法を学校などに取り入れれば、だれもが楽しい教育ができるかもしれないと感じました。

先生方も基本的に子どもが大好きで、子どもたちの成長を見ることが先生の楽しみです。それだから、自分の現場に専門家が入ることに抵抗のある先生でも、作業療法士の、子どものニーズを伝えてくれる解釈の力と、子どもの発するメッセージを受けとめたい先生の気持ちとが呼応して、現場にどんどん来てほしいという思いにつながるだろうと思います。

子どもの意図がわかり、悩んでいたことが一気に笑えちゃうってすごいですね。医療では子どもの行動理由を「自性」として説明される。そのことは受け取る側もいろいろ考えて難しく捉えてしまう。それを作業療法士はユニークさ（唯一無二の存在）として捉えられるように説明してくれる。子どもたちと

金城郡浩　（きんじょう・くにひろ）

南風原町教育委員会教育長。1962年生まれ。南風原町字津嘉山出身。1985年に南風原町役場採用。総務部税務課長、経済建設部産業振興課長、教育部教育部長を経て、2022年から南風原町教育委員会教育長。

の関わり方を解説してくれる作業療法士の存在で、先生たちの学級経営の楽しみが増えました。

仲間――――

作業療法は、子どもの行動や言動を解釈していく中で、その子が何をしたいのかという視点で見るからこそ、ユニークさとして捉えることができます。〝悩めるたね〟と感じていた子どもの印象を変えていくことができます。

こうした子どもの理解は、その子だけでなくもしかしたらこの子も！　あの子も！と先生たちが自分でいろいろと解釈していけることで、先生たちの学級経営を進めていく力につながります。

目に見えない教育の実現

教育長――――

作業療法士は、学校現場で目に見えること以外のことを言っていますよね。目に映っているけど、目に見えない部分を作業療法士は気づかせてくれます。

教育委員会や教育現場は、勉強や覚えるなどの認知機能のことに焦点を当てやすい。成績をよくするためにと、ルールを子どもたちに強いることもあります。

しかし、学校はそもそも自律することや、自分でものを考えたりするための学びの場であり、学ぶ力を身につけるための場であると考えています。そして「学ぶ力や教育」は子どもたちが考えていくための道具です。子どもたちがその道具（教育）を使って考えたり行動したりすることは、突き詰めれば、どうやったら幸せになれるか、ということのためなのです。

いろいろな個性や環境をもつ者が、周りに理解され、同じクラスの中で勉強に励む、そこで育つ目に見えない部分の教育を、実現させてくれる一番の立役者として、作業療法士がいると感じています。

知識の勉強だけを考えればインターネットで学

左から城間　智（南風原町教育委員会　総括指導主事）、金城郡浩（南風原町教育委員会　教育長）、仲間知穂

んでしまえばいいこのご時世で、学校が必要な理由は幸せになるための考えや行動、環境を学ぶのに最適だからだと思います。

仲間――作業療法は、授業で勉強ができる、給食当番ができるといった「作業」ができるために、その子がどうやって自分らしく安心して、積極的に参加できるのかというプロセスを紐解きます。その作業をどうしたら遂行できるのかという情報が教育側からすると、教育の目に見えない部分にあたるのでしょう。

そして、作業療法士はその情報を使って、先生たちが楽しく活用して叶えていけるように学校に関わります。その関わりが、まさに目に見えない教育に気づかせ、実現を後押ししていると感じてもらえるのだと思います。

子どもたちが社会につながることを実現できる

教育長――

作業療法士は、先生と子どもたちが他者に認められるプロセスをつくっていこうとします。そのことを知って「え、僕たちはそれをいままでやっていなかったの？」と気づかされました。学校では支援員をつけるなどの対応を行っていますが、「何のために支援しているのか」という目的は曖昧であった。作業療法士が入って支援の目的を明確にしてもらえたことは目からウロコでした。

作業療法士は他者に認められること、幸せになる力をもつことなどの、子どもたちが社会につながるということを軸にしていますよね。一緒に仕事をして、私たち教育現場は、その子どもたちが社会につながるための教育に着目することができます。作業療法士が学校に参画し、その理解が深まっていって、先生たちも変わってきたと思います。必ずしも、こういうふうにしなくてもいいみたいな、新しい気づき、一番そのあたりが先生たちの安心につながったと感じます。

仲間――

忙しい先生たちが、目に見えることに追われてしまう学校現場で、先生たちの届けたい教育（授業の参加や給食当番、友達との交流など）を実現することは、先生たち自身が目に見えない教育の存在に気づくきっかけになります。そしてそれを叶えていくことが、教育長のおっしゃる子どもたちが社会につながることの実現につながっていくのです。

作業療法士は「何のために教育するのか」「何のために支援するのか」教育現場にこの問いをもって向き合います。その問いからなぜ教育し、なぜ支援するのかを探究していく先に、子どもが幸せになるための力を育てるという目的が必ずあります。

■これから教育は変わっていく
——教育と作業療法士の力

教育長——これからの教育は、一斉授業という形も変わっていくでしょうし、ペース配分も変わっていくと思います。先生がすべての面で子どもたちを引っ張っていくという感覚で教育をするのではなく、無理に引っ張らなくても、子どもたちの力をうまく引き出してあげることで、自立できる教育ができると思います。子どもたちの考える力、学びたい力を信じることが大切だと思うのです。

そのためにはまず、子どもたちを理解し、アイデアを創り出す場が必要になってきます。今回の作業療法士との連携は、そのような技術を学び、情報を共有する場として機会がもてました。それが必要なのだと思います。

作業療法士との連携（まちOT）を通して、学校が楽しそうにそれができるなら、沖縄だけではなく、全国の教育現場に普及していくのではないかと思います。そういう意味では、南風原町としても、もっと頑張らないといけないと思うところです。

仲間——届けたい教育の実現が、最終的には子どもたちの考える力、学びたい力を信じる教育の形になる。南風原町でのまちOTの3年間の実績は、それができる兆しが見えるものとなりました。これからも作業療法士が学校と共創させていただき、教育長がおっしゃる「楽しく学級経営ができる」ことの実現も含めて叶えていきたいと思います。

「届けたい教育をみんなに」

この言葉の背後にあるのは、これまで私たちが子どもと親、先生たち、地域関係者とともに築き上げてきた多くのストーリーと、それを築き上げるプロセスも含めた経験や想いです。

本書では、その「届けたい教育」を実現するためのチームワークやデザインについて深く探究し、そして、それが子どもや先生、家族、学級、そして地域全体に与える影響を、事例を通して描き出してきました。

・葵人さんが落ち着くように当たり前に手を握ってくれる子どもたちと共にできる教育環境。
・魚釣りを通じてつながった創さんとクラスメイト。
・学校の外の作業でも子どもの人生を切り開くことの大切さを示す望さんのチーム。
・浩也さんの理解を通じて学校と地域が一つになった瞬間。
・楓真さんとともに学校と家庭のチームで、その子特有の悩みを乗り越えることで、達成の価値を深く共有できたこと。

これらは、単なるエピソードではなく、教育の中で真に価値あるもの、共存社会の真髄を示しています。

●**届けたい教育が叶う学校**：私たちは、届けたい教育に焦点を当て、多様性を尊重しながら、新たな学級経営を展開しています。この取り組みが子どもや先生、家族、学級、そして地域全体に、どのような影響を与えるか、それを探ることがこれからも私たちのミッションです。

●**地域の力を育てる**：届けたい教育の実現が、地域社会をより豊かにする鍵であると信じています。その教育が、コミュニティ内での新しい選択肢や新たなストーリーの創出につながることを確信しています。

●**まちの問いを探究する「ゆいまわる」**：地域がもつ潜在的な力を信じ、社会の課題（ｉｓｓｕｅ）に真摯に向き合うことを目指しています。沖縄県を起点として、全国の多様な問題への対応を模索しています。

●**エビデンスの確立**：経験だけではなく、確かなエビデンスに基づいたアプローチが求められています。そのため、研究チームを設立し、その成果を社会全体のモデルとして広めることを目指しています。

私たちの願いは、これらの実践が「届けたい教育」の実現への道標となり、真の共存社会の構築を支えるものとなることです。

インクルーシブ教育
多様性への対応が教育を豊かにする
機会となり、変化し続けるプロセスを築く
学校と家庭が協働的に教育を届けるチーム
効果的で意味のある支援学級
支援員<クラスの力が子を支え合う
先生が自信をもって教育できる
インクルーシブ教育
～届けたい教育が叶う学校～
さまざまな
子どもたちの
作業ストーリー
学校OT
をみんなに
ステキね。
こんな風に考えていいんだ!!
・地域・学校
・保育園・学童
地域の力を育てる
子育ての選択の自由
多様な子どもたちの共存
地域のエンパワメント
地域
issue
インクルーシブ教育モデル
を全国に

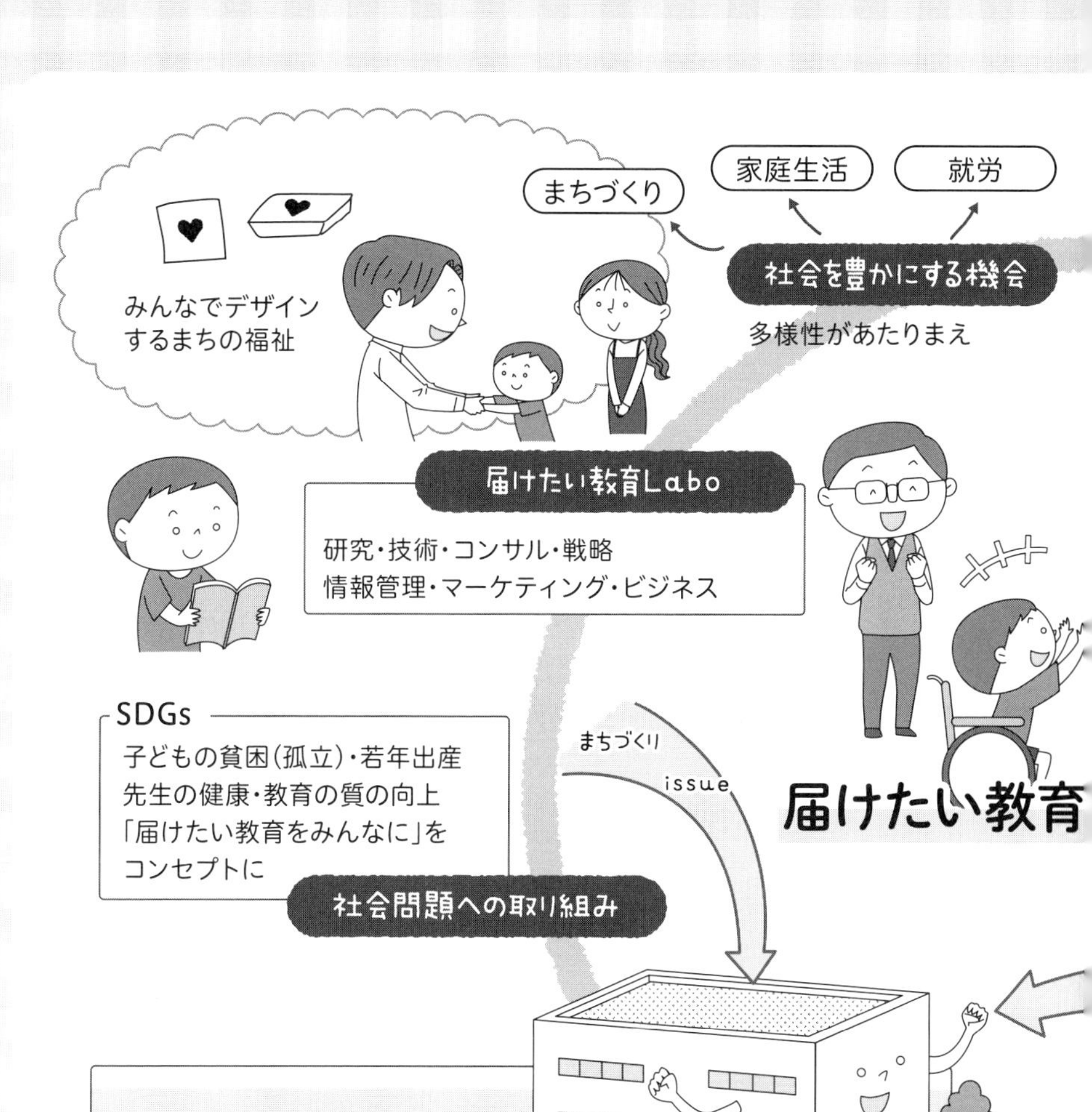

Free 自由に選択できる
Flat みんなで叶える
Fun 楽しむ

こどもセンターゆいまわる

届けたい教育の実現を探究	➔ 学校作業療法
子どもの発達の可能性を追求	➔ 療育
卒業のある福祉の実現	➔ 相談支援
子と地域社会の架け橋	➔ ゆいらぼ
子育てを楽しむ世界を追求	➔ ゆうなえん（親子通園）
親のエンパワメントを追求	➔ ペアプロ

編著者プロフィール

●仲間　知穂（なかま　ちほ）

1979年東京生まれ。2002年東京都立保健科学大学1期生として卒業。回復期の河北リハビリテーション病院、琉球リハビリテーション病院に6年間勤務後、作業療法士の養成学校・琉球リハビリテーション学院で7年間講師を務める。2009年よりボランティアで学校での作業療法を開始し、2016年作業療法士による学校訪問専門の事業所「こども相談支援センターゆいまわる」設立、2020年8月福祉型児童発達支援センター「こどもセンターゆいまわる」設立、代表。3児の母。

●こどもセンターゆいまわる

〒901-1102　沖縄県南風原町宮城29番地
Tel.098-851-7897　Fax.098-901-4415
HP：yuimawaru.com　mail：info@yuimawaru.com

●こども相談支援センターゆいまわる

〒904-1106 沖縄県うるま市石川828番6

執筆者一覧

Chapter 1	久志　直子	こどもセンターゆいまわる　作業療法士
	上前　奨伍	こどもセンターゆいまわる　作業療法士
Chapter 2	嶺井　裕子	こどもセンターゆいまわる　作業療法士
	小谷　和樹	こどもセンターゆいまわる　作業療法士
	金城　　愛	こどもセンターゆいまわる　社会福祉士・公認心理師
Chapter 5	東恩納拓哉	東京家政大学　助教　作業療法士
	髙橋香代子	北里大学 教授　作業療法士
	丹葉　寛之	関西福祉大学　教授　作業療法士
Chapter 6	大城　千秋	こどもセンターゆいまわる　保育士・児童発達責任者
	中原あすか	こどもセンターゆいまわる　作業療法士・公認心理師
	宮崎　宏興	NPO法人いねいぶる代表　作業療法士
	金城　郡浩	南風原町教育委員会　教育長
	城間　　智	南風原町教育委員会　総括指導主事

「届けたい教育」をみんなに

続・学校に作業療法を

2023年11月30日　初版発行

編　著●Ⓒ仲間知穂　Chiho Nakama
　　　　こどもセンターゆいまわる
発行者●田島英二
発行所●株式会社 クリエイツかもがわ
〒601-8382 京都市南区吉祥院石原上川原町 21
電話 075(661)5741　FAX 075(693)6605
http://www.creates-k.co.jp　info@creates-k.co.jp
郵便振替　00990-7-150584

イラスト●ホンマヨウヘイ
装丁・デザイン●菅田　亮
印刷所●モリモト印刷株式会社

ISBN978-4-86342-363-3 C0037　　printed in japan

好評既刊本

定価表示

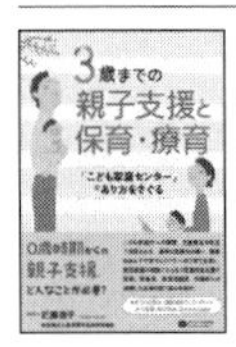

3歳までの親子支援と保育・療育

「こども家庭センター」のあり方をさぐる

近藤直子・全国発達支援通園事業連絡協議会／編著

0歳時期からの親子支援、どんなことが必要？　あかちゃん教室、健診後のフォローアップ、併行通園、移行支援、自治体の仕組みなど、保育者、発達相談員、保健師らが連携したさまざまな取り組みを紹介。

1980円

子ども理解からはじめる感覚統合遊び

8刷

保育者と作業療法士のコラボレーション

加藤寿宏／監修　高畑脩平・萩原広道・田中佳子・大久保めぐみ／編著

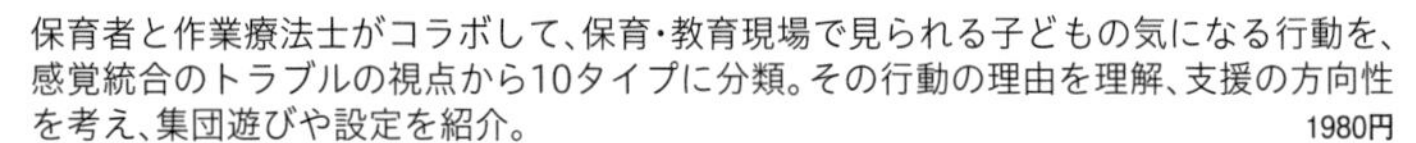

保育者と作業療法士がコラボして、保育・教育現場で見られる子どもの気になる行動を、感覚統合のトラブルの視点から10タイプに分類。その行動の理由を理解、支援の方向性を考え、集団遊びや設定を紹介。

1980円

乳幼児期の感覚統合遊び

9刷

保育士と作業療法士のコラボレーション

加藤寿宏／監修　高畑脩平・田中佳子・大久保めぐみ／編著

「ボール遊び禁止」「木登り禁止」など遊び環境の変化で、年齢別の身体を使った遊びの機会が少なくなったなか、保育士と作業療法士の感覚統合遊びで、子どもたちに育んでほしい力をつける。

1760円

学童期の感覚統合遊び　学童保育と作業療法士のコラボレーション

太田篤志／監修　森川芳彦×角野いずみ・豊島真弓×鍋倉功・松村エリ×山本隆／編著

画期的な学童保育指導員と作業療法士のコラボ！
指導員が2ページ見開きで普段の遊びを紹介×作業療法士が2ページ見開きで感覚統合の視点で分析。子どもたちに育んでほしい力をつける！

2200円

「学童保育×作業療法」コンサルテーション入門

地域に出よう！　作業療法士

小林隆司／監修 八重樫貴之・佐藤葉子・糸山智栄／編著

子どもの特性、環境、友だち、支援者の関わりをコンサル20事例で学ぶ。
子ども理解と放課後の生活、作業療法コンサル理論入門と実際。これであなたも地域で活躍できる！

2420円

実践！　ムーブメント教育・療法
楽しく動いて、からだ・あたま・こころを育てる

小林芳文／監修　阿部美穂子／編著　NPO法人日本ムーブメント教育・療法協会／著

インクルーシブな活動として、保育・教育、特別支援、障害者・高齢者福祉で取り入れられ活用！　楽しく体を動かして、主体的に環境にかかわり、感覚・知覚・精神運動の力を育み、自己有能感と生きる喜びを獲得する。

2200円

あたし研究　自閉症スペクトラム～小道モコの場合　1980円
あたし研究2　自閉症スペクトラム～小道モコの場合　2200円

小道モコ／文・絵

自閉症スペクトラムの当事者が「ありのままにその人らしく生きられる」社会を願って語りだす―知れば知るほど私の世界はおもしろいし、理解と工夫ヒトツでのびのびと自分らしく歩いていける！

https://www.creates-k.co.jp/